One

Sylvia Day

On Desire

romanzo

Traduzione dall'inglese di Laura Liucci

One

Della stessa autrice abbiamo pubblicato:

On fire

Prima edizione: febbraio 2014
Titolo originale: *Taking the Heat*

via delle Fornaci, 66 – 00165 Roma
tel. 06.39366384

Stampato in Italia – Printed in Italy

Progetto grafico: Grafica Effe

Sylvia Day

On Desire

Questo libro è dedicato a Cindy Hwang.
Adoro scrivere racconti.
Grazie, Cindy, per avermi spinto a interrompere l'astinenza.

1

Due esplosioni scossero l'U.S. Marshal Brian Simmons il 15 agosto alle 4:32 del pomeriggio: la prima seguì alla vista del suo perenne sogno erotico, Layla Creed; la seconda alla detonazione di una granata.

Udì il sibilo dell'ordigno che si dirigeva verso di lui un istante prima che il proiettile colpisse uno dei tre SUV Chevrolet in attesa di trasferire Layla dall'alloggio all'aeroporto di Baltimora-Washington. Senza perdere un secondo, si lanciò in avanti, la spinse a terra e le fece scudo con il proprio corpo.

Lo spostamento d'aria li investì in pieno e l'onda d'urto scosse il corpo esile della donna. Brian la prese tra le braccia e la tenne forte a sé.

Il frastuono fu così assordante da coprire le urla di Layla. Ma lui le sentì ugualmente. Le percepì vibrare contro di sé.

Una pioggia di frammenti piovve su di loro. Il fuoco gli lambì le suole delle scarpe. Lui si rimise velocemente in piedi, la tirò su e la trascinò di nuovo all'interno del complesso di appartamenti. Era come se avesse le orecchie piene di ovatta, ma la sua attenzione era totalmente rivolta al bisogno istintivo di portarla al sicuro.

Layla.

Impugnando la pistola di servizio, Brian la guidò tenendola per un gomito. Sorpassarono l'ascensore e imboccarono le scale. Guardando in alto, considerò la possibilità di tornare verso la stanza che Layla aveva occupato la notte prima. Poi la condusse giù verso il garage sotterraneo.

L'alloggio era compromesso. Almeno due agenti avevano perso la vita, uno dei quali era un amico, lo conosceva da anni. Non poteva essere certo di chi fidarsi, e con Layla nel mirino non aveva intenzione di correre rischi. Fu una violenta possessività a guidarlo. E lei lo seguì, le dita strette alle sue mentre correvano giù per le scale.

Irruppero nel garage attraverso una porta di metallo. Brian notò sulla loro sinistra una Honda verde scuro fare retromarcia per uscire dal parcheggio. Si piazzò dietro il veicolo e tirò fuori dalla tasca il distintivo.

Incontrò lo sguardo attonito della donna al volante attraverso lo specchietto retrovisore. «Ho bisogno che scenda dalla macchina, signora.»

Una brunetta dall'aria infastidita si sporse dal volante, sbarrò gli occhi di fronte alla Glock di Brian e alzò le mani, con la borsetta che pendeva da un gomito piegato.

Brian ripose la pistola nel fodero e le allungò un biglietto da visita. «Chiami questo numero e loro sistemeranno tutto.»

Con la faccia torva, Layla scivolò sul sedile del passeggero senza bisogno di incoraggiamento.

Quando il suono delle sirene annunciò l'arrivo delle

forze dell'ordine e dei vigili del fuoco, Brian stava già uscendo dal garage. Quando imboccò a tutta velocità l'autostrada, i pennacchi di fumo nero erano ormai alti nel cielo.

2

Layla si aggrappò all'imbottitura del sedile dell'Honda e gettò uno sguardo verso l'uomo che non vedeva in carne e ossa da cinque anni. Sembrava diverso da come le appariva in sogno. Più forte. Più snello. Ancora pericoloso.

Affrontare a brutto muso uno come Brian Simmons voleva dire covare un istinto suicida.

Non che questo le avesse impedito di dargli la sua verginità...

«Sei ferita?» Brian si girò verso di lei e la trapassò con due occhi verdi e cristallini.

«No. Gli... gli...» Si schiarì la gola secca e dolorante. «Sam? Gli altri?»

Lui scosse la testa.

Gesù. Sentì lo stomaco annodarsi al punto da credere che avrebbe vomitato. Nei tre anni trascorsi nel Programma protezione testimoni, lei e Sam Palmer erano diventati amici. Al di là del suo lavoro, l'ispettore era diventato il solo legame che aveva con la realtà. Le sue chiamate mensili per controllare che stesse bene avevano continuato a ricordarle di essere ancora Layla Creed sotto la sua nuova identità di Layla Cunningham.

Un tempo conduceva una vita normale. Aveva vissuto nella stessa cittadina in cui era nata, e aveva amici che la conoscevano così bene da sopportare il suo struggimento per l'uomo che in quel momento sedeva a pochi centimetri da lei. Ma quel fatidico week-end aveva perso tutto, nel momento in cui aveva deciso di andare a Tijuana per dimostrare a sé stessa di aver davvero dimenticato Brian Simmons.

Brian prese il cellulare dalla tasca e premette un pulsante di chiamata rapida.

«Ci hanno trovati» disse senza preamboli a chiunque avesse risposto. «Hanno attaccato il convoglio con un lanciagranate del cazzo.»

Nel bel mezzo di un incubo, la voce familiare di Brian, profonda e lievemente roca, risuonò confortante. Aveva sognato quella voce, e ricordava quando l'aveva sentita gemere dal piacere e ringhiare parole sconce ed eccitanti. Amava parlare durante il sesso, e di fronte alla schiettezza delle sue descrizioni Layla aveva messo da parte ogni pudore. Non aveva avuto inibizioni con lui, nessuna riserva né esitazione. Niente a proteggere il suo cuore da quell'uomo che viveva al centro del mirino.

Quel giorno sarebbe potuto morire davanti a lei. E questo era il suo più grande incubo.

«No,» continuò lui «devo trovare un altro modo per portarla fuori città... Qualcuno ha fatto trapelare l'ubicazione dell'alloggio, e a questo punto non posso sapere di chi fidarmi... Ti garantisco che lei non c'entra niente. Si tratta di Layla, Jim. Sì, *quella* Layla. Ascolta, ho bisogno di un favore. Prendi tutto quello che ti serve dal Ford Bronco, carica sul retro tutta l'attrezzatura che riesci a mettere insieme e vai al distributore di benzina tra la Main e la Settima. Lascia le chiavi nel posacenere e vatti a fare un giro... Grazie, amico. Ti sono debitore.»

Detto questo, terminò la chiamata.

Layla sbatté le palpebre cercando di ricacciare indietro le lacrime. Non fece domande. Se c'era qualcuno sulla faccia della terra al quale avrebbe affidato la propria vita, quello era Brian. Del resto, era stato il modo in cui aveva protetto i suoi segreti a portarli alla rottura.

Si fermarono nel parcheggio di un grande magazzino. Lui scelse un posteggio sul retro, vicino al vivaio, lasciò le chiavi nel posacenere e lo chiuse; poi sfilò la batteria dal suo cellulare e gettò i pezzi sul sedile posteriore. Quasi fosse un segnale, il telefonino di Layla iniziò a squillare. Lei lo recuperò dal piccolo zaino che indossava e lo porse a Brian, che stava aspettando con la mano tesa.

«C'è una banca all'interno» disse mentre smontava l'apparecchio. «Dobbiamo prelevare la cifra più alta possibile dal bancomat. Useremo solo liquidi fino in California – benzina, cibo, alloggi, tutto – e non potremo più prelevare. Ci servono abiti, sapone, spazzolini da denti... dobbiamo fare alla svelta.»

Layla annuì ed esaminò velocemente gli occhiali da sole distrutti nella sua borsa prima di gettarli sul cruscotto. «Ci stiamo nascondendo anche dai buoni?»

«Per adesso» rispose Brian lanciando il cellulare di Layla sul sedile posteriore di fianco al suo. «Andiamo.»

Layla scese dalla macchina con il cuore a mille. Aveva i palmi sudati e il respiro affannato. Quando ebbe aggirato il veicolo, Brian le prese la mano e s'incamminò a passo veloce. Entrando nel grande magazzino le sembrò che tutti gli occhi fossero puntati su di loro. Le fischiavano ancora le orecchie, anche se non sapeva se fosse dovuto all'esplosione o al pulsare forte del sangue nelle sue vene. Brian serrò la presa.

Serrandole la mano con fare rassicurante, si chinò verso di lei. Più che sentire le parole, Layla gliele lesse sulle labbra. «Andrà tutto bene, piccola. Ci sono io.»

Le aveva detto le stesse parole quando il primo orgasmo della sua vita l'aveva scossa, il respiro umido dell'uomo contro le pieghe bagnate della sua fica. Un brivido accompagnò quel ricordo, ancora così vivido nonostante gli anni trascorsi. Brian le lasciò la mano e le cinse le spalle con un braccio, attento a fare in modo che i lembi della giacca di flanella, che indossava sbottonata, non scoprissero la fondina.

«Sei sotto shock,» le mormorò con le labbra contro l'orecchio, provocandole un altro brivido «tieniti a me.»

Il calore del corpo snello e muscoloso di Brian penetrò in lei, e Layla vi si aggrappò avvolgendogli un braccio attorno alla vita. Indossava un paio di Dr. Martens, jeans larghi e una t-shirt di jersey bianca e morbidissima. La giacca di flanella verde, marrone chiaro e azzurro era così bella che gliel'avrebbe rubata, se fossero stati ancora insieme.

Brian afferrò un carrello per la spesa e la condusse attraverso il negozio procedendo speditamente ma senza dimenticare nulla: dall'intimo agli spazzolini da denti, dai cellulari prepagati a due piccole valigie. Si separarono per qualche minuto imboccando due corsie parallele mentre lei sceglieva qualche abito e lui dei rasoi. In meno di venti minuti erano in fila alla cassa. La tappa successiva fu il bancomat, da dove prelevarono in tutto millecinquecento dollari. Utilizzarono l'uscita principale invece di quella che dava sul vivaio, e Brian si fermò a una panchina di fianco alle porte d'accesso per stipare la maggior parte degli abiti in una valigia e il resto degli acquisti nell'altra.

«Dobbiamo attraversare la strada fino a quel minimarket.» Fece per prendere le valigie, poi si bloccò e la studiò. Qualsiasi cosa vide lo spinse a raddrizzare la schiena e ad allungare una mano verso di lei. Le posò una mano sulla nuca, l'altra sul fianco, e l'attirò a sé. Le loro fronti si toccarono. «Sei così coraggiosa, piccola. Sono orgoglioso di te.»

Layla sentì gli occhi pizzicarle. «Non sono più una bambina, Brian.»

«Credimi, Layla, lo so.» La lasciò andare, tirò fuori due cappelli da baseball e gliene calcò uno sulla testa. Poi, come se non potesse farne a meno, accarezzò con le dita le ciocche scure che le ricadevano sulle spalle. «Una volta in macchina, voglio che cambi maglia e ti leghi i capelli.»

«Okay.»

Brian prese le valigie e s'incamminarono nella direzione opposta rispetto all'Honda Civic che aveva requisito. Attraversarono la strada a passo calmo ma deciso, eppure Layla sapeva che l'attenzione di Brian era totalmente rivolta all'ambiente circostante. Era sempre sul chi va là, ma con lei tendeva a essere ipervigile. E non solo perché era una testimone sotto protezione, ma perché era la sorella minore del suo migliore amico e la donna che un tempo aveva amato.

Si diresse senza esitare verso una vecchia Ford Bronco parcheggiata dall'altro lato del minimarket e gettò le valigie sul sedile posteriore attraverso il finestrino abbassato. «Sali.»

Quando si mise al volante, le porse un giubbotto antiproiettile che aveva recuperato dal retro del veicolo.

In meno di cinque minuti erano di nuovo sulla I-70.

Brian si tolse il cappello e lo gettò sulla moquette dietro il sedile di Layla. Lei si stava già sfilando la maglia henley, del tutto a proprio agio con il suo corpo come ogni donna dovrebbe essere. Mentre lei scopriva il reggiseno color petrolio che si abbinava alla perfezione alle sue iridi, Brian riuscì a malapena a tenere gli occhi sulla strada.

«Il proprietario di questa macchina...» iniziò lei «è un U.S. Marshal? O un SEAL della marina?»

«Non potrebbe essere semplicemente un civile?»

«Non con te. Tu vivi e respiri il tuo lavoro, in servizio e non.»

E questo era anche il motivo per cui l'aveva lasciato. «Un vice.»

Layla infilò la mano nella busta di plastica con i vestiti che aveva posato ai suoi piedi. «Che facciamo adesso?»

Una volta in viaggio la tensione di Brian si allentò leggermente, anche se sapeva che non sarebbe riuscito a rilassarsi del tutto finché Layla non avesse testimoniato. Voltandosi verso di lei, vide la cicatrice che il proiettile le aveva lasciato sulla schiena, e il livido che stava comparendo sul gomito sul quale era atterrata quando l'aveva gettata a terra al momento dell'esplosione. Strinse di nuovo i denti. «Andremo dritti fino a San Diego. Guidando quattordici ore al giorno dovremmo arrivare in tempo. Non avrai molto tempo per rivedere la tua testimonianza con il procuratore federale.»

«Be'...» Layla espirò a fondo e raddrizzò le spalle. «Meglio così che morta.»

Tipico di Layla. Figlia e sorella di due SEAL, era cresciuta consapevole di quanto fosse importante essere onesti e schietti. E così il giorno in cui aveva compiuto diciotto anni, durante la sua festa di compleanno, era andata dritta da lui e aveva lanciato ai suoi piedi il guanto della sfida. «Il tempo di flirtare è finito, Bri. Datti una mossa, o lasciami in pace. Gli uomini non mi sono mai mancati.»

Fino a quel giorno Brian si era ripetuto che era meglio aspettare ancora un po': lasciare che andasse al college, che spiegasse le ali. Sapeva che una volta che l'avesse fatta sua, il futuro li avrebbe visti inevitabilmente insieme. Sarebbero appartenuti l'uno all'altra finché morte non li avesse separati.

Ma il solo pensiero di vederla con altri uomini, a ridere, scherzare, scopare con altri...

Le sue mani si serrarono sul volante. «Dimmi cos'è successo.»

Layla lo guardò e s'infilò dalla testa la t-shirt appena acquistata. «Di cosa stai parlando?»

«Raccontami come ti sei cacciata in questo casino.»

Layla si appoggiò allo schienale e si allacciò la cintura. «Io e Steph eravamo andate a Rosarito e Tijuana per le vacanze di Pasqua. Steph aveva incontrato un tipo da Papas and Beer, ma visto che era ubriaca – e sembrava decisa ad andare fino in fondo – non me la sono sentita di lasciarla sola. Non potevo permettere che se ne andasse con uno sconosciuto. Così lui ha chiamato un amico, e insieme siamo saliti su una Chevrolet Camaro e siamo tornati a Tijuana.»

Lottando per rilassare la mandibola serrata, Brian esplose: «Dove diavolo avevi la testa?»

«Qual è il problema? Vivere pericolosamente è una prerogativa solo tua?»

«Non provare nemmeno a paragonare il mio lavoro con l'andarsene in giro a spassarsela senza un minimo di buonsenso.»

Layla guardò fuori dal finestrino, tremando per la frustrazione. Era stato il rifiuto per il suo lavoro a portarli alla rottura. Perdere il padre e il fratello sotto le armi le aveva fatto odiare l'esercito, e Brian l'aveva capito. Per questo motivo, una volta finito il suo periodo di leva nella marina, aveva deciso di unirsi agli U.S. Marshals. A Layla non era certo piaciuto, ma l'aveva tollerato. Finché non era entrato negli Shadow Stalkers.

«Continua» le disse a denti stretti.

«A che scopo? Per permetterti di bacchettarmi come se fossi una bambina?»

«Layla,» Brian si passò una mano tra i capelli «non so che farci. È che saperti in pericolo...»

Layla si voltò verso di lui con quei suoi occhi gelidi che riuscivano ogni volta a sconvolgerlo. «Adesso sai come ci si sente.»

Brian incassò il colpo. Aveva commesso il più grosso errore della sua vita pensando che prima o poi l'avrebbe accettato per ciò che era. E invece? Le avevano sparato ed era entrata a far parte del Programma protezione testimoni. Era stata risucchiata nel suo mondo, e la peggiore ironia era che questo, invece di avvicinarla, l'aveva allontanata ancora di più da lui.

«Siamo tornati a Tijuana» continuò lei. «Eravamo vicini al confine, non lontani da quella piazza con il toro meccanico, quando questi due tizi sono usciti dall'ombra e hanno iniziato a sparare. I proiettili sembravano provenire da ogni lato. Il tipo che si era unito a noi all'ultimo minuto è sceso dall'auto, e io mi sono lanciata dietro di lui. È in quel momento che mi hanno colpita. Hanno colpito anche lui. Si è buttato sopra di me, ma credo che lo volessero vivo, perché hanno smesso di fare fuoco. Penso che sapesse che si sarebbero fermati, ed è per questo che mi ha fatto scudo. Per salvarmi...»

La voce di Layla si era fatta via via più bassa a ogni parola; le ultime erano state a malapena udibili.

«Era l'agente della narcotici sotto copertura? Ricardo Sandoval?»

Lei annuì. «Anche se l'ho saputo solo dopo. Poi vidi un uomo sopra di noi. Ricordo di aver guardato in alto verso di lui da sopra la canna della sua semiautomatica, e di aver visto un'espressione folle sul suo viso.»

«Angel Martinez.» Era a causa della sua testimonianza contro Martinez – uno dei luogotenenti più in vista del cartello – che Layla stava rischiando la vita. Non avrebbero mai messo in atto un agguato come quello a cui erano appena scampati, su suolo americano, per qualcuno meno importante.

«Sì, Martinez. A quel punto l'agente Sandoval l'ha colpito alla coscia con il coltello che aveva con sé. Il sangue è schizzato dappertutto, e Martinez è crollato a terra come una tonnellata di mattoni. L'altro uomo ha ripreso a sparare, ma a caso: tra i colpi e le grida di Martinez era il caos più totale. Sandoval mi ha trascinato dietro la Camaro fino a un vicolo che sbucava su un'altra strada. Lì vicino c'erano dei ragazzi che parlavano inglese, e così ho gridato loro di aiutarci. È venuto fuori che erano un gruppo di marines di Pendelton, e così ci hanno riportati oltre il confine. L'agente Sandoval è... è morto quella stessa notte.»

La notizia dell'omicidio della morte aveva avuto risonanza nazionale, colpendo un nervo che era già stato scoperto con la tortura e l'assassinio di Enrique Camarena da parte dello stesso cartello. Layla era il 'testimone non identificato' citato nei resoconti. Anche se Brian conosceva già la storia, sentirla raccontare da Layla, sentire la sua voce spezzarsi e tremare mentre parlava... Cazzo, avrebbe dovuto stare con lui, non a Tijuana. Le cose sarebbero andate in quel modo, se non fosse stato così maledettamente testardo.

«Hai ancora gli incubi, piccola?» le chiese piano.

Layla lo guardò scostandosi dal viso i capelli sferzati dal vento. «Come lo sai?»

«Ti conosco,» Brian allungò una mano e prese la sua «tieni per te il tuo dolore.»

Lo sguardo di Layla si posò sulle loro mani unite. «Anche tu» replicò lei a voce bassa.

Non sapeva se si stesse riferendo alla morte di suo fratello Jacob, o alla loro rottura. «A volte» disse lui.

«Ti ho visto ridere a crepapelle e ti ho visto dare di matto, ma non ti ho mai visto piangere» continuò lei sottraendosi alla stretta della sua mano. «Quando ti ho detto che tra noi era finita non hai battuto ciglio. Avrei dovuto saperlo. Forse ero troppo giovane, troppo ingenua.»

Brian strinse il pugno sentendo il palmo che gli doleva per la perdita del tocco di Layla. Il suo maledetto orgoglio si era già messo tra di loro una volta, e adesso gli stava serrando la gola, impedendogli di pronunciare le parole che era certo l'avrebbero distrutto, se lei le avesse rispedite al mittente.

Nonostante ciò, non poté trattenersi dal dirle: «Lo sai cosa significavi per me, Layla.»

«Sapevo che non ero abbastanza. In comune avevamo soltanto Jacob e la nostra passione per il sesso. Tutto qua.»

«Stronzate.» Controllò lo specchietto retrovisore per la milionesima volta per accertarsi che nessuno li seguisse. «Il sesso era fantastico perché avevamo qualcosa di speciale.»

«E allora perché non mi hai seguito quando me ne sono andata?»

Ci siamo: errore colossale numero uno. «Pensavo che avessi bisogno di un po' di tempo per calmarti.»

«No» replicò lei con una scrollata di spalle, piantando il gomito sul bordo del finestrino e appoggiando la testa sulla mano. «Pensavi che avessi bisogno di crescere. Che prima o poi avrei visto le cose come le vedevi tu, il che la dice lunga su quanto fosse sbagliato stare insieme. Per te resterò sempre la sorellina di Jacob. Mi sono cresciute le tette e sono diventata maggiorenne, ma non mi avresti mai trattato come una donna che merita di avere voce in capitolo.»

«Stai iniziando a farmi incazzare.»

«Ho colpito troppo vicino al bersaglio?» lo schernì Layla con un sorriso malizioso che lo eccitò.

«No, dolcezza. Nemmeno un po'.» Perlomeno non riguardo a quello che provava per lei. Sì, il sesso tra loro era sempre stato esplosivo – in quel senso non avevano mai avuto problemi –, ma l'aveva amata. Tanto da fare male. C'erano stati momenti, negli ultimi anni, in cui era quasi impazzito dal bisogno di vederla e di sentire la sua voce, di stringerla e di sentire le sue mani su di sé.

Tra di loro calò il silenzio, carico di tutte le parole non dette. A ogni chilometro si avvicinava sempre di più il momento in cui l'avrebbe persa di nuovo. Una volta testimoniato, sarebbe stata risucchiata nuovamente nel programma di protezione. Una nuova identità, una nuova città, un nuovo lavoro e un nuovo supervisore a controllare che stesse bene. Aveva tre giorni per chiarire la situazione e sistemare qualsiasi cosa fosse andato a puttane tra loro. Tre giorni per ricordarle quanto stavano bene insieme. Tre giorni in cui sarebbe stata costretta ad ascoltarlo, senza nessuno intorno a incasinare ancora di più le cose.

Sfortunatamente, era bravissimo a farlo da solo.

Il tempo gli stava sfuggendo tra le dita, eppure se ne stava lì seduto con i denti serrati e lo stomaco annodato. Terrorizzato dalla possibilità che oramai potesse averlo dimenticato. Era cresciuta da quando l'aveva lasciata andare via, mentre lui era lo stesso di prima: con più di qualche spigolo da smussare, e incapace di dirle cosa provasse realmente riguardo a una delle questioni più importanti della sua vita.

3

«Vado alla tavola calda a prendere qualcosa da mangiare.»

Layla sollevò un sopracciglio verso l'uomo dall'aria accigliata e incredibilmente sexy in piedi sulla soglia della camera del motel in cui si erano fermati.

Una camera di motel. Con *un* letto matrimoniale.

Nel parcheggio all'esterno si vedevano così poche macchine e così poche stanze con la luce accesa che era chiaro che, volendo, una stanza con due letti singoli sarebbe stata disponibile.

Brian le lanciò un'occhiataccia di sfida, immaginando perfettamente cosa stava pensando. «Cosa vuoi?»

«Sembra che tu abbia già deciso per me» rispose lei, asciutta.

«Da mangiare» replicò infastidito.

Te, tanto per iniziare. Ma non gliel'avrebbe resa così facile. Avrebbe potuto almeno fare finta di prendere due letti separati, anche se sapeva che sarebbero finiti insieme.

Una volta soli, non sarebbero riusciti a tenere le mani

a posto. Inoltre, nella loro attuale situazione – in fuga, e con gente alla quale avevano voluto bene che aveva pagato con la propria vita – avrebbero avuto bisogno più che mai l'uno dell'altro. E avevano così poco tempo. Layla aveva meno di settantadue ore da trascorrere con l'uomo che aveva amato fin da quando riuscisse a ricordare.

Si sfilò le scarpe, poi la maglietta. Quando lo sentì inspirare profondamente, nascose un sorriso tra le pieghe del tessuto. «Cheeseburger e patatine sarebbero il massimo. E un tè senza zucchero. Faccio una doccia mentre sei fuori. E non dimenticare di chiedere una branda extra alla reception. È davvero un peccato che abbiano finito le camere con due letti; quei lettini da campo sono particolarmente scomodi per un uomo della tua statura.»

La porta si chiuse dietro di lui con più forza del necessario.

Sorridendo, Layla aprì una delle valigette sulla rastrelliera portabagagli che tirò fuori dall'armadio e iniziò a frugare in cerca di un rasoio; poi si bloccò quando il suo sguardo si posò su una scatola di preservativi e su un lubrificante intimo. E proruppe in un fischio.

Lo conosceva. Sapeva come funzionava la sua testa.

Brian Simmons era arrogante e perfettamente consapevole di essere il punto debole di Layla, ma se l'aveva voluta con sé nel letto non era semplicemente per farci sesso. Se era una scopata che cercava, avrebbe potuto rimorchiare qualcuno alla tavola calda. Se si fosse messo in testa di farlo, avrebbe potuto avere una donna contro un muro prima che il suo cibo si raffreddasse. Era attraente da morire e irradiava un oscuro sex appeal, ma ciò che faceva cadere le donne ai suoi piedi era quella sua aria di pericoloso distacco. Brian era un antieroe americano in carne e ossa, ed era impossibile da inquadrare; il che non faceva altro che spingere una donna a metterci più impegno. Dio solo sapeva quanto lei ci avesse provato.

Non si poteva dire lo stesso del contrario: Brian sapeva esattamente come arrivare a lei. Sapeva come abbattere una dopo l'altra le sue difese fino a farla capitolare, ed era senza dubbio a quello che aveva pensato quando aveva comprato quegli oggetti. Il piacere non era lo scopo: era un mezzo al servizio di un fine.

La consolazione di Layla era che, una volta che l'avesse vista nuda, anche lui avrebbe ceduto a sua volta. Solo quando era a letto, dentro di lei, era capace di dare tutto sé stesso. Se solo avesse accettato di correre quegli stessi rischi con lei, nel mondo reale... Era questo che aveva sempre voluto.

Lanciò i preservativi sul letto, posò il lubrificante sul comodino e si diresse verso il bagno chiudendo la porta. Quando udì il *clic* della serratura le spalle cedettero cogliendola di sorpresa. Sentì il petto serrarsi, e quel momento rivelò la sua reale vulnerabilità; una vulnerabilità che aveva represso, senza rendersene conto, per tutto il pomeriggio. Dolore e rimorso si abbatterono su di lei come una valanga. Chinò la testa sotto il getto d'acqua che aveva aperto frettolosamente. Le lacrime iniziarono a scorrere. Il suo petto fu scosso dai singhiozzi. Mordendosi il labbro inferiore, cercò di attutire i rumori che avrebbero tradito la sua fragilità.

Sarebbe stato così facile aggrapparsi a Brian, crollare addosso a lui e accettare il conforto che le avrebbe dato senza rimproveri né esitazioni. Ma in quel momento avevano entrambi bisogno che lui fosse forte. Non poteva distrarlo. Era da solo, a scortare una testimone che, in teoria, avrebbe dovuto avere una dozzina degli agenti più capaci del Paese a tenerla al sicuro. Uomini che molto spesso avevano avuto un passato nei corpi speciali dell'esercito, proprio come Brian.

La loro storia era finita quando era stato accettato tra gli Shadow Stalkers. Dopo aver perso sotto le armi il padre e il fratello, Layla aveva deciso che non avrebbe sopportato di perdere anche lui. Brian l'aveva convinta che lasciare la marina avrebbe segnato l'inizio di una nuova vita, ma quella vita non si era rivelata meno pericolosa della precedente; non dopo che si era offerto volontario come Shadow Stalker. E lei non era riuscita a perdonarlo per quello che, al tempo, aveva considerato un inganno e un'odiosa noncuranza delle sue preoccupazioni.

Quando tornò in camera, Brian era rientrato.

La stanza profumava di delizioso cibo spazzatura, e lui stava guardando la televisione con le mani piantate sui fianchi. Si era tolto le scarpe e la giacca ed era rimasto in jeans e t-shirt attillata, con la fondina che gli cingeva le spalle.

Layla si fermò a mezza via, le mani sulla testa nell'atto di strofinarsi i capelli con un asciugamano.

Poi all'improvviso un pensiero la colpì: si sentiva al sicuro.

Brian non poteva sapere cosa significasse per lei. Sentirsi al sicuro era un conforto che aveva creduto di aver perso per sempre quella notte in Messico. Eppure vederlo lì, così forte e sicuro di sé, così determinato, la faceva sentire come se niente avrebbe potuto nuocerle. Chiunque avesse voluto arrivare a lei avrebbe dovuto passare sul cadavere di Brian, e non credeva sarebbe successo facilmente.

Facendo un gesto in direzione della scatola di preservativi in mezzo al materasso, la guardò con due occhi verdi e duri come giada. «Al contrario di quanto tu possa pensare, non avevo in mente di scoparti.»

«Si vede.»

«Saputella» borbottò lui, e si massaggiò dietro la nuca. «Non voglio che tu dorma da sola, stanotte. È stata una giornata dura. L'ispettore che si è preso cura di te per anni è morto davanti ai tuoi occhi. Ti conosco, piccola. Non sei il tipo da scrollartelo di dosso con facilità. Stai male, e stai tenendo tutto dentro.»

Layla sentì la gola serrarsi. In quel modo, scuotendo la testa, lo avvertì di lasciar perdere un argomento che avrebbe portato ad altre lacrime.

Brian fece un passo avanti. «Voglio tenerti stretta, tenerti al caldo, fare in modo che tu sia al sicuro. Non lascerò che ti accada niente, Layla.»

Lei deglutì a fatica. «Lo so. In questo momento è l'unica cosa di cui sono certa.»

Prima che potesse rendersene conto, si ritrovò tra le braccia di Brian, stretta contro il suo petto. Seppellendo il viso nel morbido jersey della maglia, respirò il suo odore, un aroma caldo, virile e pulito. Non era un tipo da colonia; solo sapone, deodorante e feromoni che avevano ogni volta un effetto disastroso su di lei. La sua reazione a lui era istintiva, primitiva, come se fosse stata programmata per cercare quell'uomo e lui soltanto, l'unico che la faceva sentire come se si trovasse esattamente lì dove avrebbe dovuto essere.

Lasciò cadere l'asciugamano e si aggrappò alla vita di Brian, entrambe le mani strette alla camicia e al passante della cintura. Come sempre, le sembrò di trattenerlo a sé con una stretta mortale, cercando di sottrarsi all'inevitabile separazione. Anche quando stavano insieme, non le era mai sembrato completamente suo. Prima di ogni altra cosa, Brian apparteneva al suo lavoro, e alla fine Layla si era resa conto che, se l'avesse costretto a lasciarselo alle spalle, quella perdita l'avrebbe cambiato per sempre. Non poteva chiedergli una cosa del genere. Era una decisione che doveva prendere da solo.

E l'aveva fatto.

Aveva vinto il lavoro.

Espirando a fondo, lo lasciò andare e fece un passo indietro. Brian lasciò ricadere le braccia, riluttante, e nel farlo allentò il telo da bagno che Layla si era avvolta attorno annodandolo sui seni. Fece a malapena in tempo ad afferrarlo prima che si aprisse e cadesse. L'uomo inspirò bruscamente e si voltò, dimostrando un autocontrollo che Layla non si sarebbe mai aspettata dal vecchio Brian.

«Devi mangiare.» Infilò la mano in una grossa busta e tirò fuori un contenitore di polistirolo. Vi sbirciò all'interno, poi prese un tovagliolo e delle posate di plastica.

Layla lo guardò apparecchiare per lei un posto al tavolino rotondo vicino alla finestra. Le pesanti tende erano tirate, proteggendoli dallo sguardo di chiunque passasse di lì. Layla prese un cambio d'abiti puliti, li indossò nel bagno pieno di vapore, poi si sedette per mangiare.

«Tu che hai preso?» chiese.

«Un panino, come te.»

Masticando sovrappensiero una patatina fritta, spostò lo sguardo sul letto e sulla scatola di profilattici.

«Erano vicino ai rasoi» borbottò Brian. «Non è che sono andato apposta a cercarli.»

Layla riuscì a reprimere il sorriso che minacciava di

sfuggirle. Quel suo umore burbero e scontroso l'aveva sempre divertita. Era il tipo di uomo che riusciva a farsi scivolare addosso quasi tutto; l'unica persona in grado di scoprire i suoi bluff era Layla. «Dio benedica i negozi organizzati ad hoc.»

Brian borbottò qualcosa e azzannò un morso da un panino grande circa il doppio del suo. Non era un fan della colazione, ma rimediava ampiamente con la quantità di cibo che mangiava nel resto del giorno.

«Non ti unisci a me?» gli chiese dolcemente Layla.

Lui la guardò diffidente, poi prese il suo cibo e si diresse verso di lei; fece indietro la sedia dall'altra parte del tavolino e vi si sedette con movimenti aggraziati. Era una qualità innata. Aveva sempre adorato guardarlo in azione, e ammirato il modo in cui i suoi muscoli si contraevano e si allungavano con elegante fluidità.

«Stai benissimo, Brian» disse con voce profonda e calda, prima di cercare di coprire il suo cedimento affrettandosi a bere un sorso di soda. Fargli capire che lo amava ancora sarebbe stato un errore. In quel momento le possibilità di un futuro insieme erano ancora minori di prima.

Brian si bloccò a metà morso. Poi, dopo aver deglutito, replicò: «Grazie. Anche tu.»

Layla gli rivolse un sorriso timido e tornò a mangiare.

«Allora...» iniziò. «Cos'hai fatto negli ultimi anni? Sei stata in Maryland per tutto il tempo?»

«Più o meno.»

«Ti piace?»

«È carino,» disse lei con un'alzata di spalle «ma niente a che vedere con la California del Sud.»

«Eh, no» convenne Brian. «Studi ancora arredamento d'interni?»

Layla scosse la testa. Esitò, poi fece un respiro profondo prima di rispondere: «Giustizia penale.»

Brian sollevò le sopracciglia e la studiò da sopra il bordo della tazza. Layla sapeva a cosa stava pensando: a quale incredibile occasione fosse. Forse addirittura a come questa novità potesse legarsi ai piani che avevano avuto un tempo lui e Jacob, e cioè di fondare una loro società di security privata. Layla non aveva condiviso quel sogno con loro – se non per il fatto che avrebbe potuto avere i suoi ragazzi più spesso a casa – ma da quando era entrata nel Programma protezione testimoni aveva iniziato a pensarci.

Era come se avesse rappresentato una qualche connessione con Brian e il fratello.

«Sei felice, Layla?» le chiese sottovoce.

«Non sono infelice.»

«Ti vedi con qualcuno?»

Layla mandò giù il boccone con una rinfrescante sorsata di soda. «Non avresti dovuto chiederlo prima di comprare i preservativi?»

«Dannazione» sbottò Brian lasciando cadere il mezzo hamburger che gli restava nelle patatine.

«Okay. La smetto.»

«Grazie.» Tuffò tre patatine nel ketchup e se le cacciò in bocca.

«Quanto al lubrificante, invece...» Quando Brian iniziò a tossire, sul punto di strozzarsi, Layla lo guardò e sbatté le palpebre con espressione innocente. «Devi ammettere che è piuttosto intima come cosa. Un conto è pensare di divertirsi un po' come ai vecchi tempi... ma fare sesso anale, Bri? Sono sicura che hai conosciuto donne che lo servono sul menù di tutti i giorni, ma per me è una portata speciale.»

«*Layla.*» Brian scostò la sedia e si alzò.

«Dovresti mangiare,» lo ammonì lei «devi conservare le forze. Dopotutto, siamo in fuga, e mi è sembrato di capire che hai in programma delle gran belle sessioni di ginnastica tra le lenzuola.»

«Fanculo.»

«Sì, quello l'avevo capito dal lubrificante...»

«Basta!» Brian si diresse a grandi passi verso il letto, afferrò la scatola di profilattici e la lanciò dall'altra parte della stanza nel cestino dei rifiuti. Poi infilò una mano nella valigia in cerca del gel intimo. Lei lo osservava. Continuava a mangiare il suo hamburger e le patatine. E sentiva l'eccitazione crescere sempre più. Era furioso, e così maledettamente appassionato nella sua irritazione e nel suo imbarazzo. Raramente l'aveva visto così, fuori dal letto.

«Dov'è?» abbaiò.

«Se prometto di fare la brava e la smetto di punzecchiarti, torni qui a mangiare?»

«Non mi trattare con condiscendenza!»

«Scusa...»

Brian sollevò una mano per bloccare ogni ulteriore parola.

«Andiamo,» continuò lei «puoi biasimarmi se sono curiosa di vedere se riesco ancora a farti perdere il controllo?»

«Come se avessi mai smesso di farlo.» Poi, puntandole contro un dito accusatore: «E non fare quell'espressione scioccata! Non sono io quello che ha voluto rompere.»

«No, eh?»

«Certo che no, maledizione. Io ero pronto a impegnarmi, con te.»

Layla scosse la testa e sentì la sua, di rabbia, crescere sempre più. «'Finché morte non ci separi' non significa granché quando puoi morire da un momento all'altro.»

«Smettila» ringhiò Brian andandole incontro e lasciandosi trasportare da tutte le emozioni che, di solito, era così bravo a tenere a bada. «Sono passati cinque anni, piccola. E respiro ancora.»

«Solo perché non stiamo insieme. Se non te ne sei accorto, gli uomini non vivono a lungo attorno a me.»

Brian si bloccò a un metro da lei. «Smettila.»

Layla scrollò le spalle e chiuse il coperchio della scatola. Non aveva più appetito. «Il tuo cibo si sta freddando.»

«Se stare con te è una sentenza di morte, quell'hamburger sul tavolo non è l'ultima cosa che voglio mangiare.»

Alzandosi in piedi, Layla si diresse verso di lui e lo aggirò.

Lui la prese per un braccio.

«Sono stanca» mentì lei, dolorosamente consapevole della presa dell'uomo e della sua vicinanza. Gli arrivava con la testa all'altezza delle spalle. Avrebbe voluto voltarsi e abbracciarlo. Era la paura a trattenerla. Paura di non avere la forza per separarsi di nuovo da lui quando fosse arrivato il momento. E mancavano solo un paio di giorni.

Premendole un bacio veloce ma intenso sulla fronte, lui la lasciò andare.

Layla si lavò i denti e si mise a letto. Brian recuperò le poche cose di cui aveva bisogno e andò in bagno per fare la doccia. Finse di dormire quando lo sentì scivolare tra le lenzuola e raggomitolarsi dietro di lei, ma si cullò nel calore del suo corpo e nel conforto del suo abbraccio. Alla fine riuscì ad allontanare le immagini orribili che le attraversavano la mente e si addormentò.

4

I gemiti sommessi di Layla lo svegliarono un istante prima di sentirla dimenarsi violentemente tra le sue braccia.

«Piccola,» mormorò scuotendola piano «svegliati. Va tutto bene.»

Le unghie corte di Layla penetrarono nell'avambraccio con il quale la teneva stretta per la vita. Lei gemette, si voltò di colpo contro il suo petto e seppellì il viso contro la sua pelle nuda.

«Va tutto bene» le ripeté, facendo scorrere la mano su e giù lungo la spina dorsale per alleviare il tremore. «Ci sono io.»

Layla si aggrappò al suo torace come un granchio.

«Ne vuoi parlare?» le chiese sottovoce, e lanciò uno sguardo alla sveglia sul comodino. Erano passate da poco le due di notte.

«No,» mormorò lei contro la curva del suo collo «tienimi solo stretta.»

«Sempre.» L'abbracciò forte.

Layla si dimenò mettendosi comoda su di lui. In quella posizione il suo sesso era a contatto diretto con quello di Brian, e il calore della sua carne sembrò bruciare attraverso le culotte e i boxer di lui.

Il suo cazzo reagì all'istante nonostante gli sforzi per tenerlo a bada. Con Layla non era mai stato in grado di controllare le sue reazioni. Non solo fisiche.

Si rese conto esattamente dell'istante in cui notò la sua erezione. Lei s'irrigidì appena, trattenne il respiro per una frazione di secondo, poi continuò a un ritmo lento e cauto, evidentemente deliberato.

«Non farci caso» disse Brian.

Per contro, Layla mosse i fianchi e si strofinò sulla grossa lunghezza della sua asta; poi, con le labbra contro la sua pelle, mormorò: «È troppo grosso per non farci caso.»

Quando fece guizzare la lingua sul suo collo, Brian imprecò e s'irrigidì.

«Layla...» l'avvertì.

Le mani della donna scivolarono lungo i suoi fianchi fino alla vita. «Ti do un indizio, bad boy: stai per scopare.»

Cristo. Brian chiuse gli occhi. La voleva così tanto che i denti gli dolevano dallo sforzo di tenerli serrati, ma non era in quello stato che la voleva. Non mentre era su di giri a causa di un incubo.

Ma Layla non era tipo da farsi dissuadere, soprattutto nel sesso. E quando lei scivolò giù lungo il suo corpo e graffiò con i denti il disco piatto di un capezzolo, Brian non fu più in grado di bloccarla.

La lingua della donna guizzò sulla sua carne sensibile e lui sussultò con un gemito.

«Sta' attenta, piccola. Lo sai com'è con me quando è passato tanto tempo dall'ultima volta che ti ho avuta.»

Sarebbe stato impossibile dimenticarlo. In passato era stato via in missione parecchi mesi, e quando era tornato lei aveva dovuto liberare la sua agenda e fare provviste di cibo e acqua perché sapeva che non sarebbero usciti di casa per giorni.

«Dio se sei sexy, Brian» disse con un gemito basso – e una nota di rancore impossibile da non notare. «Mi basta guardarti per bagnarmi. Non vedo l'ora di averti.»

E, a quanto pare, ne avrebbe pagato lui le conseguenze. Il modo in cui allungò la mano tra di loro e afferrò la sua erezione non fu né tenero, né delicato, ma deciso ed esigente; la carezza del suo palmo su e giù lungo la sua asta divenne veloce e forte.

«A me basta pensarti» replicò lui con voce roca, sorprendendosi nel vederla sollevarsi sopra di lui e scivolare fuori dal letto.

«Spogliati.»

Quell'ordine brusco gli procurò un'esplosione di adrenalina. Era vergine la prima volta che l'aveva posseduta e quel primo rapporto aveva stabilito i ruoli della loro relazione sessuale: lui conduceva, lei seguiva. Era così che gli piaceva – era così che piaceva anche a lei – ma era più che disposto a permetterle di divertirsi un po'. Merda, era *molto* più che disposto. «Forza, piccola.»

Mentre sollevava i fianchi per sfilarsi i boxer, la sentì spogliarsi. La lampada sul comodino sbatacchiò quando la urtò, ma era troppo concentrata per lamentarsi. Concentrata su di lui. Sull'averlo.

Non l'aveva mai vista così. Con Layla era sempre stato facile andare su di giri. Uno sguardo malizioso, qualche parolina – *'Brian, tesoro...'* – era tutto l'incoraggiamento di cui aveva bisogno per ritrovarsi con un'erezione di marmo e un'irrefrenabile impazienza di trovare un po' di privacy. Ma in quel momento era lei a guidare, e a tutta velocità, e Brian aveva intenzione di lasciarla fare e godersi la corsa.

Layla tornò da lui con l'irruenza del suo corpo morbido e setoso. Del suo corpo di donna. La *sua* donna. L'unica cosa al mondo che aveva mai sentito davvero sua. Eppure aveva permesso che se ne andasse. Perché era un idiota. Nessun uomo sano di mente se la sarebbe lasciata scappare.

Provò a prenderla, a baciarla, ma lei stava già scendendo in basso, le sue tette splendide e perfette che gli accarezzavano l'addome. Portando le braccia in alto, Brian si aggrappò ai due lati del cuscino e desiderò che la luce fosse accesa così da poterla guardare mentre glielo succhiava. C'era qualcosa nei suoi occhi quando lo prendeva in bocca, una dolcezza e una vulnerabilità che lo mettevano a nudo. Nell'intimità entravano davvero in *contatto* l'uno con l'altra, in modi che non aveva creduto possibili finché Layla non glieli aveva mostrati. Non avrebbe saputo spiegarlo... il modo in cui il piacere di lei diveniva il suo, il modo in cui la sua gioia la rendeva felice, il modo in cui il bisogno di toccarla e di assaggiarla diventava necessario tanto quanto respirare. Sapeva solo che, con Layla, aveva perso anche la sua capacità di essere felice, e si era limitato a sopravvivere ogni giorno senza di lei.

Le dita snelle di Layla riuscirono a malapena a circondargli l'asta pulsante. Quella presa incompleta era una tortura, e Brian gemette, così duro e sensibile da sapere che non sarebbe durato a lungo. Lo pompò un paio di volte con il pugno, preparandolo, strappandogli le prime gocce di liquido preseminale. Nell'istante in cui la lingua leccò la punta gonfia, Brian imprecò.

«Ti lascio giocare, tesoro,» disse a denti stretti sentendo il respiro caldo di Layla accarezzare l'umidore lasciato dalla lingua «ma non è questo il momento di stuzzicarmi.»

Le dita di Layla gli massaggiarono i testicoli tesi, soppesandoli. «Sei tu quello che dice che non c'è gusto ad andare di fretta.»

«Chi è che va di fretta?» Prendendola per i capelli, inarcò i fianchi e le accarezzò le labbra con la punta del cazzo. «Ho intenzione di scoparti fino all'alba.»

Brian avvertì il piccolo brivido che la attraversò. Una volta sfogata l'impazienza iniziale, sarebbero scivolati in un ritmo lento e profondo, e Layla sapeva come sarebbe stato: intenso, intimo, un piacere a malapena sopportabile. E lui non vedeva l'ora di arrivarci. Il giorno in cui lei l'aveva privato di tutto quello aveva rischiato di ucciderlo.

Layla gli sfiorò il retro di una coscia. «Allarga le gambe e piega questo ginocchio. Fammi mettere comoda.»

«Non credere di starci così a lungo, laggiù. Il tempo di placarmi un po' così da non lasciarti i lividi quando scoperò per la prima volta la tua fighetta stretta.»

Giurò di averla sentita sorridere. Poi di colpo gli circondò la punta con quella sua bocca sfrontata e Brian premette la testa nel cuscino, lo stomaco annodato dal piacere bruciante. «Cazzo, sì.»

Lo prese fino in fondo, con quella bocca così calda e stretta che lui si ritrovò a schizzarle sulla lingua un fiotto di liquido preseminale. Layla gemette e inghiottì, succhiando avidamente per avere di più.

«Così, piccola,» la incitò con voce roca «succhiami il cazzo... *ah,* dio.»

Con gli occhi chiusi e i denti serrati, gli girava la testa da quanto stava godendo. Quella di Layla continuava ad alzarsi e abbassarsi, le labbra a scivolare umide su e giù, il pugno a pompare alla base. Come se morisse dal bisogno di assaggiarlo.

La pressione sulle palle crebbe quando la bocca della donna succhiò forte la punta del cazzo. Le dita lasciarono lo scroto e scivolarono più in basso, e i polpastrelli dell'indice e del medio accarezzarono le piccole pieghe del suo ano.

Brian s'irrigidì, sorpreso. Layla ritrasse la mano e arricciò le labbra attorno alla sua asta.

«Strega» sibilò lui.

La lingua di Layla guizzò attorno alla punta facendogli digrignare i denti. Sentiva la schiena rigida per il bisogno di venire, lo stomaco così annodato da non riuscire a muoversi. Merda, non *voleva* muoversi: se fosse riuscito a rimanere in bilico per sempre, pronto ma allo stesso tempo in grado di resistere, l'avrebbe fatto. Al mondo non c'era niente di paragonabile al piacere che lei riusciva a dargli, o all'amore che sentiva in ogni tocco, bacio, gemito che gli regalava.

«Che bello,» mormorò Brian «cazzo, quanto succhi bene...»

Le dita di Layla tornarono tra le sue gambe aperte e stuzzicarono di nuovo il piccolo anello di muscoli tesi. Il suo tocco ora era scivoloso e Brian si rese presto conto che doveva essere a causa del lubrificante che mancava all'appello. La testa di Layla continuò a salire e ricadere in fretta, la bocca a lavorare sul suo cazzo nel tentativo, certamente deliberato, di distrarlo dalla pressione che stava applicando con le dita.

«Layla, piccola, cosa stai facendo?»

Lei lo lasciò andare con un *pop*. «L'hai portato tu il gel. Non mi dirai che non volevi qualche giochino anale.»

Layla sapeva benissimo che non era *suo* il culo che aveva avuto in mente, così come Brian sapeva che lo stava punendo per il suo eccesso di presunzione. Nessuna delle due cose aveva importanza, perché le aveva sempre dato ciò di cui aveva avuto bisogno.

Spinse piano in fuori come le aveva insegnato a fare quando accettava il suo cazzo dietro, e la punta di un dito scivolò dentro di lui. La sua pelle s'imperlò all'istante di sudore. Si sforzò di rilassarsi, di non opporre resistenza mentre Layla esplorava un nuovo aspetto del fare l'amore con lui.

Respirando a fondo, assorbì la sensazione della penetrazione e la vulnerabilità che ne conseguì. Layla gli prese di nuovo il cazzo in bocca, succhiò la punta con colpi delicati, ritrasse il dito, poi lo spinse di nuovo dentro.

«Ah, cristo.» Brian sentì i nervi del collo tendersi dallo sforzo. Le cosce iniziarono a tremargli.

Rimase senza fiato quando gli spinse dentro un secondo dito, e il lieve bruciore gli provocò un brivido che lo scosse da capo a piedi. Layla si sollevò in ginocchio, i suoi capelli gli sfiorarono il bacino; la bocca continuò a succhiarlo a un ritmo avido ed esigente, e le dita a entrare e uscire, scopandogli il culo.

«Cazzo, Layla. Mi stai uccidendo.» Lo shock e il rifiuto istintivo erano stati smorzati dal fatto che era Layla che lo stava toccando. Erano legati così profondamente che concederle quel tipo d'intimità fu una naturale estensione della connessione che avevano. Inoltre si rivelò sorprendentemente piacevole. Senza che Brian se ne rendesse conto, stava incoraggiando la mano di Layla a colpi più profondi.

«Sappi che ucciderò chiunque ti abbia insegnato a farlo» le disse a denti stretti. «Lo legherò e lo castrerò, quel figlio di puttana. Cazzo... ah, piccola, sto per venire. Rallenta.»

I suoni che riempirono la stanza – i gemiti vibranti di Layla e i suoi grugniti soffocati, il suono di lei che continuava a succhiare vorace e i colpi ritmici delle dita sulla curva inferiore del suo sedere – lo stavano facendo impazzire. Aveva il cazzo così duro da fargli male, le palle tese e piene. Era suo, Layla lo possedeva completamente, e Brian avvertì la propria resa bruciare in lui come una febbre.

«Sto per venire. Layla,» l'avvertì con voce graffiata «rallenta, piccola. Ora. *Ah... cazzo!*»

Aveva trovato la sua prostata, e continuando a massaggiare il glande lucido e gonfio lo portò oltre il limite.

Brian gridò e venne con violenza, travolto da quel piacere selvaggio e lacerante, incapace di tenere fermi i fianchi mentre con le mani stringeva i capelli di Layla. La testa ricadde pesantemente sul cuscino, gli occhi e i denti serrati, la spina dorsale così rigida che gli parve sul punto di spezzarsi.

Pompando, le riempì la bocca senza riuscire a fermarsi, come se anni di desideri e voglie represse fossero esplosi dalla sua asta dolorante con una forza che proveniva direttamente dai suoi organi vitali. I gemiti di Layla, ancora avidi e affamati, lo stavano mandando fuori di testa. Le sue dita fantastiche continuarono a penetrarlo strappandogli ogni goccia di piacere, finché non crollò sul materasso.

Madido di sudore, si sforzò di mollare la presa sui capelli di Layla. Lei succhiò un'ultima volta, poi si raddrizzò. In lontananza, con la mente ancora annebbiata dal piacere, la sentì camminare a piedi scalzi fino in bagno e aprire il rubinetto. Quella breve distanza tra loro fu troppo: aveva bisogno di averla affianco a sé, dove poteva stringerla e non lasciarla andare mai più.

«Lascia la luce accesa quando esci,» le disse con un borbottio «e la porta socchiusa.»

Uscì un secondo dopo, nuda e accaldata e così maledettamente bella che il cuore gli tuonò dolorosamente nel petto e il cazzo si ridestò all'istante – una reazione che avrebbe dovuto essere impossibile dopo l'orgasmo che aveva appena avuto, ma che tuttavia non fu del tutto inaspettata dal momento che si trattava di Layla. Brian era stato creato per lei, disegnato per darle piacere. Fin quando il corpicino caldo di Layla fosse stato affamato di sesso, lui l'avrebbe accontentata.

«Vieni qui,» sollevò le braccia per invitarla «baciami.»

E lei si strinse a lui. Nel momento in cui le loro labbra si toccarono, Brian rotolò e la bloccò sotto di sé, inclinando la testa per sigillare più fermamente quel contatto. La lingua si spinse in lei lenta e calda, accarezzò la sua e sfiorò i morbidi recessi della sua bocca. Layla fremette, si arrese con un gemito, il suo corpo rilassato e sinuoso sotto di lui. Brian spinse una coscia tra le sue trovando la fica bagnata e gonfia. Dargli piacere l'aveva sempre mandata su di giri. Perché lo amava. Sapeva che l'amava ancora, altrimenti non l'avrebbe mai toccato così intimamente. Ma questo non significava che lo amasse come in passato, con tutta sé stessa, e non solo perché era affezionata ai ricordi e al legame che avevano condiviso attraverso Jacob.

Sollevandosi sopra di lei, piegò la testa e accolse in bocca un capezzolo duro e teso, gemendo per la sensazione di Layla sulla lingua, per la gioia di averla accanto, per il sollievo che gli dava da quel dolore costante con cui aveva dovuto convivere negli ultimi cinque anni della sua vita.

Quando la lingua di Brian avvolse la piccola punta del suo seno, Layla si morse il labbro e fremette. Le vibrazioni provocate dai gemiti dell'uomo provocarono un'esplosione di piacere che si diffuse lungo le sue terminazioni nervose, e Layla inarcò la schiena e strinse i pugni aggrappandosi al lenzuolo sotto di lei. La pelle di Brian era umida e calda al tocco, e il suo odore penetrò i suoi sensi come un fumo intossicante.

Già a sedici anni era attratta da quel suo odore mascolino e quell'attrazione quasi primitiva che provava per lui aveva palesato il suo amore agli occhi del fratello. Una volta Jacob l'aveva beccata a dormire in una delle t-shirt di Brian e aveva tentato di strappargliela. Era stato Brian a dirgli di lasciar stare, adducendo quel piccolo furto a una ragazzata da sorellina minore. Eppure lo sguardo che le aveva lanciato l'aveva tradito: uno sguardo che nascondeva un desiderio tenuto a bada, sopito, che l'aveva mandata in tilt. In quel momento aveva capito che Brian la vedeva esattamente come lei avrebbe voluto che la vedesse: come una donna.

I successivi due anni nell'attesa che diventasse maggiorenne erano sembrati infiniti. Così come gli ultimi cinque.

«Brian.» Gli toccò le spalle ampie, accarezzò i muscoli sodi e tonici con un lieve mormorio d'apprezzamento.

Brian le morse delicatamente un capezzolo, la punta che si inturgidiva sotto i colpi della sua bocca. Facendosi strada tra i due seni, si concentrò allo stesso modo sull'altro, massaggiando con il palmo calloso la carne gonfia e calda. Entravano nelle sue mani, eppure venerò le tette di Layla come se fossero le più belle del pianeta.

«Sei così bella» le disse ammirandola, mentre le accarezzava un fianco prima di scendere più in basso. «Ho sognato di averti ancora come adesso... l'ho desiderato così tanto da stare male. Il tuo corpo è come cibo e acqua per me, Layla. Non posso vivere senza.»

Lei chiuse gli occhi e lottò per ricacciare le lacrime e le parole che non poteva lasciarsi sfuggire.

Quando scivolò tra le sue gambe, si aprirono l'una all'altra. Non solo per trarne piacere, ma per darne. Quei gemiti familiari, quella reazione incontrollata al suo tocco placarono la ferocia che albergava in lui.

Brian si avvolse le sue gambe attorno alle spalle e iniziò a baciarla sempre più giù verso l'interno coscia e la carne tenera che si contraeva ancora attorno al vuoto. Si era sentita vuota così a lungo. Triste e sola.

Si era allontanata da lui perché aveva sentito il bisogno di controllare la situazione, invece di sentirsi come quella che veniva lasciata indietro. Sapeva che stavolta non sarebbe sopravvissuta a un'altra auto di rappresentanza che si fermava davanti casa sua, con dentro degli uomini che venivano per comunicarle che qualcun altro che amava se n'era andato per sempre. Aveva tagliato lei i legami per prima, ma ne aveva pagato il prezzo. Lo stava ancora pagando.

Brian le premette un bacio leggero sul clitoride, poi lo massaggiò con la punta della lingua.

«Aspetta» disse lei, fermandolo.

Brian sollevò la testa e i loro occhi s'incontrarono. La guardò con un sorriso malizioso, che scomparve però subito dopo. Qualunque cosa vide sul viso di Layla gli fece capire ciò di cui aveva bisogno.

Risalì il suo corpo in un tripudio di muscoli e forza: bicipiti tesi, addominali scolpiti. L'asta era lunga e grossa. Mordendosi il labbro, Layla gli avvolse una gamba attorno ai fianchi, impaziente: desiderava averlo dentro più di quanto desiderasse vivere un altro giorno. Un debole gemito le sfuggì quando sentì la grossa punta schiudere le pieghe bagnate della sua fica.

«*Sssh*, piccola. Ti tengo io.» Brian le sorresse il sedere e la inclinò leggermente, rendendole più facile accogliere i primi centimetri.

Un'ondata di calore la travolse, incendiandole la pelle.

«Bellissima» mormorò lui, spingendosi più a fondo. «Adoro il modo in cui arrossisci quando ti scivolo dentro. E, dio... adoro come ci si sta. Sei stretta e calda. Bagnata. La tua fichetta diventa un lago per me.»

Layla sollevò i fianchi cercando di prenderlo più a fondo e più in fretta. «Sbrigati.»

Lo sguardo di Brian scrutò il suo viso, attento e dolce. «Non avevamo detto di non andare di corsa?»

«Ho bisogno di averti dentro di me. Puoi rallentare una volta lì.»

«Sei stretta come una vergine, Layla.» Scivolò dentro ancora un po', e i suoi occhi si scurirono avvertendo il sesso di lei contrarsi, avido. «La sensazione è la stessa di quando ti ho presa la prima volta.»

Girando la testa, Layla premette una guancia bollente contro la federa fresca del cuscino. Aveva provato ad avere altre storie, aveva fatto del suo meglio ed era rimasta con ragazzi fantastici per più tempo di quanto avrebbe dovuto. Ma dopo un paio di anni a provare e riprovare, aveva gettato la spugna: stava ferendo uomini che non meritavano di essere feriti, e stava ferendo sé stessa.

Brian le prese il viso tra le mani. «Apri gli occhi, Layla.»

Lei inarcò il collo, mentre Brian si ritrasse appena e spinse più in profondità.

«Guardami,» la blandì «lascia che ti guardi mentre mi prendi dentro.»

Layla sollevò le palpebre. E anche lei lo guardò. Guardò la sua pelle tendersi sugli zigomi, osservò il piacere attraversare il suo viso come la più dolce agonia. La penetrò con colpi lenti e delicati, sostenendo il suo sguardo man mano che il legame diveniva più profondo. Attirandolo a sé con le gambe, Layla sollevò i fianchi e Brian si seppellì in lei. Il piacere era ardente, inebriante.

Quella lenta penetrazione fu come un massaggio interno, e Layla gemette: «Brian, ti prego...»

Brian si accarezzò il labbro inferiore con la lingua e quell'espressione così sensuale la fece tremare di piacere. «Così...» la incoraggiò lui muovendo i fianchi e penetrandola. L'accarezzò dentro e fuori, poi si spinse in avanti e inarcò la schiena, sollevandosi. «Hai tutto di me.»

Dio, Layla desiderava così tanto che fosse vero.

Con le gambe di lei attorno alle sue cosce, Brian abbassò lo sguardo tra di loro. «L'ho sognato. Ho sognato di riempirti ancora. Così tante volte, maledizione.»

L'asta scura ed eretta uscì fuori fino alla punta, poi si seppellì di nuovo in lei, allargandola deliziosamente. Il gemito di piacere rude e strozzato di Brian la fece venire.

«Oh!» Tremò violentemente quando l'orgasmo la travolse. «*Brian.*»

«Sì» ringhiò lui tenendola per i fianchi e pompando attraverso il suo orgasmo, forte, fino in fondo. Chinò la testa sul seno di Layla, poi con la bocca circondò un capezzolo dolorante massaggiandolo con la lingua, e le mani la tennero ferma mentre il cazzo penetrava con selvaggia avidità la sua fica pulsante.

Layla si aggrappò ai polsi di Brian e lottò per riprendere fiato, mentre il letto cigolava per la ferocia dei suoi colpi e il suo corpo tremava per la violenza del piacere.

«Anch'io, piccola» annaspò Brian. «Cazzo... anch'io.»

La strinse violentemente a sé, spinse forte i fianchi contro quelli di Layla e svuotò il suo seme fino in fondo dentro di lei.

«Layla.» Le prese la testa tra le mani e strofinò una guancia contro la sua. «*Layla.*»

Chiudendo gli occhi lucidi, Layla lo strinse più forte che poté.

5

In piedi di fianco al letto, dopo aver fatto la doccia ed essersi vestito, Brian svegliò Layla con un leggero morso a un orecchio.

«A cuccia, stallone» borbottò lei abbracciando forte il cuscino.

Brian scoppiò a ridere, il suo amore per lei gli vibrò nel petto come le fusa di un felino. «Ti ho preparato un bagno caldo. Vado a prendere del cibo a portar via alla tavola calda; faccio un paio di chiamate e metto benzina. Dovrei tornare tra una mezz'ora. Poi ci rimetteremo in marcia.»

«Che ore sono?»

«Le sette e mezzo.»

«Dio santo...»

Brian la sculacciò attraverso le lenzuola. Non era mai stata molto mattiniera. Dopo notti come quella che avevano appena trascorso, di solito non si alzava dal letto prima di mezzogiorno. «Puoi dormire in macchina.»

«Come fai a essere in piedi?» borbottò lei. «Io sono morta.»

«Il sesso con te è rinvigorente. Benzina per il mio motore.»

«Non ricordarmelo.»

Nonostante le lamentele, quando le tirò via le coperte e sfiorò con le labbra la curva della sua schiena, Layla gemette di piacere e s'inarcò al contatto. I lividi sul gomito, più scuri rispetto al giorno prima, gli ricordarono improvvisamente quanto fosse indifesa.

«Fai la brava» le sussurrò contro la pelle «e più tardi ti darò una ricompensa.»

Aprendo un occhio, Layla gli lanciò uno sguardo torvo. «Me la devi.»

«E te la darò. Volentieri.» Brian si raddrizzò e si allontanò dalla tentazione che quel corpo semiaddormentato rappresentava. L'aveva scopata per ore, e alla fine era riuscito ad allontanarsi da lei solo quando il sole aveva iniziato a filtrare dai bordi delle tende tirate. Ma c'erano ancora così tante notti da recuperare. Da quando Layla l'aveva lasciato, aveva avuto ben poca voglia di sesso; e ora sembrava che ogni desiderio tenuto a freno dal dolore per quella perdita fosse di colpo riemerso. «Non dimenticare di mettere il gel in valigia.»

Sollevando una mano, Layla gli mostrò la bottiglietta che teneva stretta in pugno.

Quando uscì dalla stanza il sorriso che gli incurvava le labbra sparì all'istante. Prima di allontanarsi, si assicurò che il chiavistello fosse inserito alla perfezione. La mattina era grigia e fresca, e l'aria lievemente pungente. Con un cappello da baseball calato sulla fronte, ispezionò attentamente l'area circostante. Imboccò un sentiero cosparso di erbacce attraverso una macchia di alberi fino al piccolo supermercato in cima alla strada, dove parcheggiò l'auto. Comprò un quotidiano dal distributore davanti all'alimentari e controllò di non essere stato seguito. Pescando uno dei cellulari usa e getta dalla tasca, chiamò Jim.

«Ehi,» rispose il vice «stai bene?»

«Finora. Come vanno le cose da te?»

«Non sono ancora arrivati a me, quindi con la macchina per il momento sei al sicuro. Ma, ovviamente, hai un riflettore puntato addosso. La tua foto segnaletica è stata mandata a ogni dipartimento del Paese. La caccia è iniziata, amico.»

L'aveva previsto. Era sopravvissuto all'esplosione ed era scappato con la testimone. Chiamarla 'condotta sospetta' era un eufemismo. «Grazie, Jim.»

«Sta' attento. Non tirerò il fiato finché non saprò che sei arrivato a San Diego.»

«E io con te.»

Brian chiuse la conversazione e smontò il cellulare. Poi tirò fuori l'altro e chiamò il viceprocuratore a San Diego per assicurargli che Layla Creed sarebbe comparsa come previsto sul banco dei testimoni. Tagliò corto e andò dritto al punto nonostante i deboli tentativi del viceprocuratore di carpirgli maggiori dettagli; poi smembrò anche quel telefono e gettò i pezzi sul retro di un pick-up parcheggiato lì vicino. Dopodiché guidò il Ford Bronco fino a un benzinaio e poi di nuovo al motel. Alla tavola calda lì vicino, prese un paio di burritos a portar via e del caffè per la colazione.

Quando tornò in stanza, trovò Layla pronta con le valigie, vestita, lavata, e semiaddormentata sul piccolo tavolo sotto la finestra. Caricò le valigie sul SUV, poi tornò da lei.

«Pronta?» le chiese.

«Sì.» Si alzò in piedi, si calcò il cappello in testa e gli diede la mano. Aveva legato i capelli scuri in una coda scoprendo il collo snello che Brian amava tanto percorrere con le labbra. Indossava un paio di jeans, una t-shirt con sopra il giubbotto antiproiettile, e la giacca di flanella di Brian ancora sopra. Okay, forse era un uomo delle caverne, ma adorava l'idea che indossasse il suo profumo. Adorava che l'avesse sempre voluto fare, e che ancora lo facesse.

Aveva parcheggiato di fronte alla camera del motel lasciando aperto lo sportello del passeggero. Così, tenendo Layla tra sé e il veicolo, la scortò fino alla macchina, poi aggirò il SUV e si mise al volante puntando dritto verso l'autostrada.

«Grazie per questo» gli disse riferendosi al sacco a pelo che aveva preparato ai suoi piedi. Ci s'infilò dentro fino al collo e vi si accomodò.

«Tira giù il sedile. Dormi un po'. Se hai fame, nella busta ci sono uova, bacon e burritos. E lì c'è del caffè con troppa crema e zucchero, come piace a te.»

Invece di guardare verso il caffè che le stava indicando, Layla continuò a guardare verso di lui. «Stai bene?»

Brian bevve un sorso del suo caffè nero ed eccessivamente bollente. «Dopo la scorsa notte? Sto più che bene. Non mi sentivo così bene da anni.»

«Bugiardo» disse Layla con un sospiro. «Cosa accadrà alla tua carriera, Bri? In che guai ti sei cacciato per ciò che hai fatto per me?»

«Non sono preoccupato.» Era vero solo in parte. Aveva investito tanto sul suo lavoro – cazzo, aveva perso Layla per questo – ma quei vecchi litigi tra loro avevano riguardato il pericolo che correva *lui*. Ora era di lei che stavano parlando. Non c'era niente che non avrebbe sacrificato per tenerla al sicuro.

«Io sì.»

«Non esserlo.» Brian guardò verso di lei. «L'unica cosa della quale ti devi preoccupare è seguire le mie indicazioni.»

Layla annuì, ma continuò a sembrare inquieta. Non era preoccupato che avrebbe potuto intralciare il suo lavoro. Sapeva di cosa si trattava ed era una donna intelligente. Avrebbe potuto fare la difficile per ogni altra cosa, ma trattandosi del lavoro di Brian e della propria sicurezza avrebbe fatto la cosa giusta.

Tra di loro calò il silenzio, ma quando la guardò lei lo stava ancora osservando.

«Dimmi del tuo sogno della scorsa notte» le disse.

Layla scosse la testa.

«Potrebbe farti bene parlarne.»

«Ne dubito.» Le palpebre di Layla si abbassarono sui suoi occhi. «Va bene, ma solo perché me l'hai chiesto tu.»

Con un sospiro, iniziò. «Eri morto nell'esplosione. Erano morti tutti tranne me, e io stavo urlando vicino al tuo cadavere, dicendoti che sapevo che sarebbe successo. Che sapevo che mi avresti lasciata sola. Ero così arrabbiata che di tutta quella gente l'unica superstite dovessi essere io.»

«Dio» sospirò Brian, sentendosi come se gli avessero dato un pugno allo stomaco.

«Sono sicura di aver fatto questo sogno perché sono stata così contenta di averti rivisto, ieri. Sono uscita dall'alloggio e ti ho visto e...» Con gli occhi completamente chiusi, trasse un profondo sospiro. «Ero troppo felice. Stavi correndo verso di me e all'inizio pensavo fosse per un motivo diverso. Poi è esploso tutto e sei finito a terra a faccia in giù ai miei piedi. E non sono riuscita nemmeno a gridare, tanto ero arrabbiata con te.»

Brian tirò indietro le spalle ricordando il gemito da animale ferito che Layla aveva emesso nel sonno.

«Come puoi vedere, ho dei problemi» borbottò lei, accoccolandosi nel sacco a pelo.

Durante il sogno poteva anche averlo rimproverato, ma non era con rabbia che aveva esternato le sue emozioni. Aveva teso le braccia verso di lui e l'aveva tenuto stretto come se non volesse più lasciarlo andare. Poi l'aveva sedotto. L'aveva fatto a brandelli. L'aveva spogliato di tutto fino a lasciarlo solo con il suo bisogno di lei.

«Va bene essere arrabbiata con me, piccola» le disse. «Anche io sono arrabbiato con me stesso. Non avrei mai dovuto lasciarti andare.»

«È stato meglio così. Eravamo entrambi sufficientemente forti da rompere quando ne avevamo bisogno.»

«La testardaggine non è forza. È stupidità, cazzo. Vivere una vita triste senza l'altro è stupido.»

«Sei stato triste, Bri?» Lo stava guardando di nuovo; se lo sentiva. «Mi hai chiesto se c'era qualcuno nella mia vita, ma non mi hai detto se c'era qualcuno nella *tua*.»

Gettando uno sguardo verso di lei, rispose: «Sai che non è il caso di chiederlo.»

«Perché mi farebbe ingelosire? Mi passerà.» Il viso di Layla non lasciava trasparire niente. E questa era una novità per lei. Un tempo era stata così espressiva, così aperta; ma era anche innocente, e la vita le aveva riservato colpi piuttosto dolorosi.

«Non c'è niente da farsi passare.»

«Tutte 'una sera e via'?»

Brian incontrò il suo sguardo e lo sostenne. «No.»

La bocca carnosa di Layla s'increspò in un'espressione ironica. «Scusa, hai ragione: tutte 'una scopata e via'?»

«No, maledizione.»

«Okay, non dirmelo. Ma non farmi domande. Se non rispondi tu, non lo faccio nemmeno io.»

«Davvero?» replicò Brian torvo, i muscoli tesi dalla rabbia crescente e dalla gelosia tenuta a bada a fatica. «Hai tenuto in serbo il tuo corpo per me, piccola? Di notte hai pensato a me e ti sei toccata? L'hai scopata solo con le dita – o magari con qualche giocattolo – quella tua fichetta calda, perché al diavolo se hai lasciato che un altro toccasse ciò che è mio?»

«Certo!» Layla si raddrizzò di colpo. «Come se tu avessi passato gli ultimi cinque anni a farti le seghe pensando a me. Jacob mi aveva detto tutto di te, Bri. Aveva provato a farmi scappare con le storie delle tue innumerevoli conquiste. Non riesci a tenerlo nei pantaloni.»

«Ti hanno eccitato quelle storie?» la stuzzicò lui, infastidito dal fatto che non gli desse la fiducia che pensava di meritare. «Sono sicuro che gliel'hai chiesto spesso di raccontartele.»

Layla si azzittì, poi chiuse di colpo la bocca aperta e gli rivolse uno sguardo torvo.

«Di' che non ci credi» la sfidò lui con aria accigliata. Allungando una mano tra le gambe, si massaggiò il sesso con il palmo.

«Sei un pazzo figlio di puttana se stai dicendo sul serio.» La voce di Layla risuonò brusca. «Di sicuro è stato facile lasciare che la mia fichetta d'oro se ne andasse.»

«Lasciarti andare è stato molte cose, ma sicuro come l'inferno non è stato facile.»

«A che punto ti sei reso conto di aver commesso un errore?»

Brian inspirò ed espirò piano, cercando di tenere a bada la rabbia. «Un istante prima che uscissi dalla porta. Sapevo di non poter vivere senza te.»

«Ma l'hai fatto. Per due anni prima che quel viaggio in Messico mandasse a puttane la mia vita.» Layla si mise seduta e allungò una mano verso il caffè.

«Ci siamo messi insieme prima ancora che avessi la possibilità di crescere. È stato come se ti avessi preso alle superiori per catapultarti in una situazione da coppia sposata, senza che tu avessi la possibilità di riflettere e capire davvero cosa volevi.»

«Sempre a cercare di prendere tutte le decisioni per me. Perché io sono una bambina.»

«Che cazzo stai dicendo? Mi sono strappato il cuore per far in modo che avessi la possibilità di prendere tutte le decisioni che hai voluto.»

«E chi è che ha deciso che avevo bisogno di quelle possibilità?» Mettendo giù il caffè, infilò la mano nella busta in cerca di un burrito e glielo mise sulle ginocchia. Poi ne prese uno per sé.

«Non ho fame.»

«Ho deciso che ce l'hai. Mangia.»

Brian imprecò sottovoce.

«Sapevo cosa volevo, Bri... *te*. Sapevo che non c'era nessun altro uomo al mondo. Non volevo né verificare né sprecare il tempo che avrei potuto trascorrere con te.»

«E allora perché te ne sei andata?» Tenendo una mano sul volante, usò i denti per strappare l'alluminio che avvolgeva il burrito.

«Lo sai perché.»

«Lo sapevi anche prima di metterci insieme cosa facevo per vivere.»

«Mi hai ingannato.»

«Cazzate.»

«Non avevi parlato di unirti agli Shadow Stalkers!» replicò lei, e strappò con forza un morso del burrito.

«Avevo le carte in regola per farlo.»

Layla masticò rabbiosamente, poi buttò giù il cibo con una grossa sorsata di caffè. «Avevi le carte in regola per lavorare anche come esperto di sicurezza.»

Brian posò il burrito. Mettere su un'azienda tutta loro era stato il sogno che aveva condiviso con Jacob. Dopo che il suo migliore amico era morto, però, era stato come se quel sogno fosse morto con lui. Non riusciva a immaginare di andare avanti con quell'impresa senza Jacob a bordo. «Le cose cambiano.»

«*Tu* non sei cambiato. Sei il solito drogato di adrenalina con il complesso dell'eroe.»

«E il cazzo grosso» replicò, piccato. «Non dimenticartelo.»

Layla lo trapassò con lo sguardo. «La verità fa male, eh?»

«La tua fica non sembra preoccuparsene.»

Lei gli mostrò il dito medio e riprese a mangiare, girandosi con tutto il corpo verso il finestrino.

Brian avrebbe voluto discutere del suo lavoro con il gruppo speciale dei Marshals prima di essere messo davanti a un ultimatum, ma Layla gli aveva fatto presente che la discussione avrebbe dovuto aver luogo *prima* di offrirsi volontario per gli Shadow Stalkers, e che non aveva intenzione di stare con un uomo che nutriva un istinto suicida.

«E le tue di verità dolorose, Layla? La tua sindrome dell'abbandono ti ha impedito di fidarti di me. Non facevi che lanciarmi ultimatum, con le prove che ti amassi o no come ago della bilancia. Eri sempre in attesa di qualche scusa per poter dire che non sarei rimasto con te.»

«E tu me ne hai date, o sbaglio?»

«Se si cerca qualcosa con sufficiente impegno, si finisce per trovarla. Che ci sia davvero o no.»

Con una scrollata di spalle, Layla replicò: «Le persone hanno tutte un bagaglio. Quando ami qualcuno, devi farci i conti.»

«Io ci stavo facendo i conti con il tuo. Sei tu che non sei riuscita a fare i conti con il mio.»

«Sai che c'è?» Layla si voltò sul sedile per fronteggiarlo. «Non so nemmeno perché ne stiamo parlando. In fin dei conti si riduce tutto al fatto che i nostri problemi personali sono in conflitto: ciò che ti serve per essere felice è esattamente ciò che rende me infelice, e viceversa.»

«E il fatto che io ho bisogno di te e tu di me?» la sfidò Brian. «Come la mettiamo?»

«Come la mettiamo? Tra quarantotto ore o giù di lì io scomparirò, e tu dovrai affrontare le conseguenze per essere scappato con una testimone.» Con un sospiro, tornò a guardare in avanti. «Siamo stati sconfitti dal fato, Bri. Consideriamolo una benedizione. Dio solo sa se eravamo troppo stupidi per tenerci alla larga da qualcosa che non avrebbe mai funzionato.»

Forse, pensò lui con rabbia. Ma stupidi o no, non aveva intenzione di rinunciare a lei senza combattere.

6

Si fermarono per la notte a Joplin, nel Missouri. Il motel che aveva scelto Brian era economico e necessitava seriamente di una rimodernata, ma Layla era così contenta di alzarsi dal sedile che non ci fece caso. Incespicò nella stanza e crollò sul letto a faccia in giù, allungando le punte dei piedi per sgranchirsi le gambe.

Sentì Brian portare dentro le valige e sospirare con riconoscenza, lieto di poter fare una doccia bollente.

«Cosa vuoi per cena?» le chiese afferrandola per una caviglia e dando una strizzatina.

«Un'insalata con pollo alla griglia o pesce. Niente di fritto. Non posso continuare a mangiare robaccia standomene seduta tutto il giorno. Sto iniziando a sentirmi disgustosa.»

«Ottima scelta. Torno tra poco. Conosci la procedura.»

«Sì. Non rispondere a chiunque bussi alla porta, nemmeno se sei tu.»

Prima di uscire chiuse bene le tende. Layla si trascinò giù dal letto e ripeté la preparazione della notte precedente, domandandosi – mentre tirava fuori un altro rasoio usa e getta – se Brian avesse pensato alla scatola di preservativi che avevano lasciato nel cestino della spazzatura dell'altro motel.

Non avevano mai usato preservativi. Aveva sempre preso la pillola, ed entrambi amavano troppo la sensazione di totale connessione tra loro per frapporvi una barriera. Per non parlare poi di quanto fossero impulsivi. Probabilmente Brian pensava che fosse ancora protetta.

Non lo era. Che senso aveva non facendo sesso?

Ricordando ciò le aveva detto Brian, ossia che da quando avevano rotto non aveva mai fatto sesso, Layla venne travolta da un'ondata di senso di colpa. Dopo che si erano lasciati, lei aveva avuto più di un amante. Abbastanza da capire ciò che aveva sempre sospettato, e cioè che nessun altro uomo l'avrebbe mai fatta sentire come la faceva sentire lui. Aveva conosciuto uomini altrettanto attraenti, uomini con appetiti oscuri e famelici, uomini esperti e pazienti con i quali si sarebbe certamente divertita. Per quanto fosse bello, però, il sesso era soltanto sesso, senza amore. Non riusciva a scrollarsi di dosso la sensazione di essere a letto con l'uomo sbagliato.

Si fece una doccia lunga e rilassante. Si depilò le gambe e si spalmò la lozione per il corpo omaggio del motel. Un senso di attesa iniziò a pulsarle nelle vene, assieme al costante flusso di adrenalina che le circostanze comportavano e alla disperazione di sapere che mancavano solo due giorni al momento in cui si sarebbero perduti di nuovo.

Quando uscì dal bagno, trovò Brian stravaccato sul letto con indosso solo i jeans. Si era sbottonato la patta e se ne stava seduto con la schiena contro la testata e i piedi scalzi incrociati alle caviglie. Con il telecomando in una mano e la bottiglia d'acqua nell'altra, stava guardando il notiziario. Quando la vide, i suoi occhi si scurirono e s'incendiarono di desiderio.

«Ti senti meglio?» La sua voce era bassa, roca.

Layla s'inebriò a quella vista: il petto abbronzato per le corse quotidiane senza maglietta, l'ampia superficie ricoperta da una rada peluria che terminava in una linea sottile a dividere gli addominali. Le sue braccia erano opere d'arte, e quando si portò la bottiglia alle labbra e bevve un lungo sorso d'acqua, i bicipiti delineati si fletterono in modo sensuale. La gola che si contraeva ogni volta che lui deglutiva la fece fremere di desiderio. Stava morendo dalla voglia di lui.

Era così sexy. Deliziosamente potente e virile.

Layla annuì.

«A cosa stai pensando, tesoro?» chiese leccandosi via una goccia d'acqua dal labbro inferiore.

«A quanto voglio la tua bocca sulla mia fica.»

Al ringhio basso dell'uomo, Layla sentì i capezzoli indurirsi.

Brian scese dal letto con un movimento agile e repentino. «Mangia la tua cena mentre faccio la doccia. Poi mangerò te.»

Lo sguardo di Brian si posò sul suo petto mentre si avvicinava a lei. «Da quando mi hai fermato, la notte scorsa, non ho fatto che pensare a leccare quella tua fica deliziosa. Ho pensato di parcheggiare in una piazzola di sosta e trascinarti sul retro del Bronco per scoparti con la lingua fino a farti gridare.»

«*Brian.*»

Le infilò una mano negli slip e la sentì. «Umm... sei già calda e bagnata.»

Le gambe di Layla si spalancarono di fronte alla sua impazienza. Il cuore le batteva all'impazzata. Brian era un uomo molto sexy, amava il sesso e non si vergognava dei propri bisogni. La sua mancanza di inibizioni la eccitava e la faceva impazzire.

Si tenne ai suoi bicipiti quando lui la schiuse con le dita e le accarezzò il clitoride. Le ginocchia le cedettero. Il suo respiro si fece leggero e veloce. La punta delle dita di Brian tracciò la stretta apertura della sua fica, poi due dita si spinsero dentro di lei.

«Oh, dio» sussurrò Layla accogliendo la penetrazione con un'ondata di umori.

Restituendo il favore, allungò una mano nella patta aperta dei suoi jeans sul davanti dei boxer. Il cazzo le ricadde pesante nel palmo, la punta gonfia già lucida di liquido preseminale.

Brian le afferrò la gamba con la mano libera e se la sollevò attorno ai fianchi, aprendola al suo tocco. Le dita si ritrassero per poi spingersi più a fondo, facendola gemere e costringendola a inarcare la schiena.

«Quante volte l'abbiamo fatto, piccola?» la incalzò lui con voce calda, spingendole il cazzo nelle mani. «Quante volte hai avuto così bisogno di venire che abbiamo dovuto cercare l'angolo più vicino perché ti scopassi con le dita fino all'orgasmo?»

«Non abbastanza.»

«Non è mai abbastanza.» Brian pompò con la mano, allargandola con le dita e con abili movimenti del polso. Il pollice trovò il clitoride e lo massaggiò, portandola sul punto di venire. «Dio, quanto sei bella. Mi fa male il petto.»

Layla lo masturbò con entrambe le mani, con colpi veloci e decisi come piaceva a lui.

«Sei bagnatissima,» ringhiò Brian «sto morendo dalla voglia di assaggiarti. E sei a un passo dal farmi venire...»

«No.» Layla si bloccò, dandogli un ultimo colpo deciso.

«Layla!» protestò lui e inarcò le dita per accarezzare il suo punto G.

«Quando verrai, lo farai dentro di me.»

Gli occhi verdi di Brian si strinsero pericolosamente un secondo prima di chinare la testa e reclamare la bocca di Layla. Fu un bacio più dolce e delicato di quanto si sarebbe aspettata, lungo, caldo e tranquillizzante. Fu quel bacio a innescare il suo orgasmo.

I suoi gemiti vibrarono nella bocca di Brian. La fica fremette attorno alle sue dita e le mani si contrassero spasmodiche sul cazzo.

Brian trasalì, sussultando nella presa di Layla. «Mi stai uccidendo.»

Eppure continuò a toccarla piano, prolungando il suo orgasmo finché non scemò in lievi brividi. Layla si appoggiò a lui respirando forte, confidando nel suo sostegno per restare in piedi.

«Ti tengo» mormorò lui strofinando la guancia contro la sua fronte. Lasciò andare la gamba, la prese per la vita e la strinse a sé.

«Falla dopo la doccia.»

«Mi è ricresciuta la barba, tesoro. Devo rasarmi» disse Brian facendo un passo indietro, il viso arrossato, gli occhi ardenti di desiderio. «Ti voglio nuda quando torno.»

Lei cominciò a spogliarsi ancora prima di vederlo entrare in bagno. Quando sentì scorrere l'acqua della doccia, prese l'insalata e si accoccolò tra le lenzuola fresche. Sentendo il bisogno di rallentare il battito impazzito, afferrò il telecomando dal comodino e accese la tv. Dopo aver scorso vari canali, trovò una replica di *Navy Seals – Pagati per morire*.

Iniziò a guardarlo, e si ritrovò a pensare al perché un uomo avrebbe dovuto scegliere una vita del genere. Jacob l'aveva fatto per il padre, che a sua volta l'aveva fatto per suo padre. Ma per Brian non aveva mai avuto una vera risposta. Per lui non era una tradizione di famiglia. Era stato cresciuto da una madre single che non gli aveva mai detto chi fosse il padre. Quando Layla gli aveva chiesto come mai era entrato nell'esercito, lui aveva scrollato le spalle e le aveva risposto: «Cos'altro avrei dovuto fare?»

Eppure era bravo in tutto, dal sistemare la trasmissione di un'auto a tirare su una casa, fino alla cucina. Avrebbe potuto fare ciò che voleva nella vita.

«Farai meglio a mangiare in fretta» l'avvisò quando chiuse l'acqua della doccia. «Sto per saltarti addosso.»

Layla premette il pulsante del muto e finse di russare forte.

«Ah! Tanto lo so come svegliarti.»

«Fai pure.»

Quando uscì dal bagno in tutta la sua gloriosa nudità, Layla sentì il cuore fermarsi. Le lacrime le inondarono gli occhi sfocandole la vista. Lacrime che cancellò con mani impazienti, decisa a non perdersi nemmeno un secondo di quello spettacolo.

«Dio» sospirò, sentendo di amarlo così tanto da sentire male al petto.

Brian si fermò di fianco al letto, lasciandola fare.

Era più magro di quanto l'avesse mai visto, il che le suggeriva che stesse lavorando troppo; ma il suo corpo era ugualmente perfetto. Non c'era niente che avrebbe cambiato di lui, niente che desiderasse di più. Chiuse la scatola di cibo a portar via e la posò sul comodino senza distogliere lo sguardo.

Brian afferrò il bordo del lenzuolo e lo tirò via, scoprendo il suo corpo. «È quello che sento io quando ti guardo,» mormorò «come se non riuscissi a riprendere fiato. Come se non potessi sbattere le palpebre per paura che tu scompaia.»

Lui la *vedeva*. La vedeva davvero. La conosceva profondamente e teneva a lei con tutti i suoi bagagli emotivi e i suoi difetti. Dopo essersi sentita invisibile per anni, nascosta dietro un nome e una vita che non erano davvero sue, stare con una persona che la *capiva* significava moltissimo. In quel momento, durante il periodo più pericoloso e stressante della sua vita, essere con Brian significava tutto.

L'uomo posò i palmi sul materasso, poi le ginocchia, e si avvicinò a lei con tutta la sua virilità. Alla vista del suo cazzo che si ergeva duro tra le gambe, Layla sentì le farfalle allo stomaco. Quando le baciò la pianta del piede, curvò le dita dal piacere. Le labbra schiuse di Brian le risalirono la caviglia, mentre la mano si posava sull'altro piede.

«Brian?»

«Sì, tesoro?»

«Vieni qui.»

La testa scura dell'uomo si sollevò catturando il suo sguardo. «No.»

«Non ti sto fermando» aggiunse Layla con voce flebile. «Voglio solo stringerti un po' a me.»

Con un sospiro, Brian si sollevò e si distese di fianco a lei.

Layla rotolò verso di lui e seppellì il viso contro il suo petto. La pelle dell'uomo era ancora umida e fresca, il battito del cuore forte e costante. Brian la circondò con un braccio, e Layla inclinò la testa e gli premette piccoli baci lungo il mento rasato di fresco, così maledettamente grata di avere la possibilità di tenerlo ancora tra le braccia.

«Layla...» La sua voce era bassa e roca, con una punta di struggente desiderio.

Perfino con un'erezione enorme e con la palese impazienza di Layla, si era preso il tempo di radere via la ricrescita per non graffiarla. Pensava sempre a lei, sia nelle piccole cose che in quelle più grandi, sempre pronto a darle tutto ciò di cui aveva bisogno.

Tranne nel suo lavoro.

«Fammi capire,» mormorò lei «perché è così importante per te rischiare la vita?»

Brian s'irrigidì, poi posò il mento sulla sua testa con un sospiro. «Non è quello.»

«E allora cos'è?»

«Non lo so. Ci ho pensato tante volte. Disteso a letto senza di te, chiedendomi dove fossi, se stessi bene, perché diavolo non avessi semplicemente mandato al diavolo il mio cazzo di lavoro quando mi hai chiesto di scegliere.» La mano di Brian le accarezzò la curva della schiena.

Layla chiuse gli occhi e si accoccolò ancora più vicina. «Ti dà qualcosa che io non posso darti. Qualcosa di cui hai bisogno.»

«Non ho bisogno di niente tanto quanto ho bisogno di te.» La spinse di schiena e le salì sopra. La coscia scivolò tra le sue e lui si accomodò con tutto il peso su di lei in quel modo che riusciva sempre a farla sentire al sicuro e coccolata. «È questo che mi distrugge: che tu abbia creduto che potessi amare qualcosa più di te... che io ti abbia dato motivo di pensarlo.»

Posando le dita sulle labbra di Brian, lei interruppe qualsiasi cosa stesse per dire. Lui le mordicchiò la punta delle dita, provocandole un brivido in tutto il corpo. Poi la lingua guizzò su quel lieve dolore, e il suo sguardo si perse sul viso di Layla.

«Tieniti al cuscino,» le disse in tono brusco «non lasciare la presa.»

Layla sollevò le braccia e fece come ordinato, e la posizione la portò a inarcare la schiena e a sollevare i seni verso la bocca di Brian. Lui le leccò un capezzolo, e lei proruppe in un leggero mugolio di piacere.

Il respiro di Brian le sfiorò dolcemente la pelle. «Adoro i versi che fai.»

«E io adoro il modo in cui mi tocchi.» Come se fosse la cosa più preziosa del mondo, come se niente avesse importanza tranne il suo piacere.

«Allora non mi fermerò.»

Un umido calore avvolse la punta sensibile di uno dei seni quando Brian lo prese in bocca. La succhiò piano, lentamente, provocandole un piacere che si propagò in tutto il corpo. Layla gettò indietro la testa e gemette.

La sua fica si contrasse come gelosa. Brian le prese l'altro seno massaggiando e stuzzicando il capezzolo sensibile tra pollice e indice.

Layla inarcò la schiena e schiuse le labbra, ansimando. Era come essere toccata per la prima volta dopo anni. Le sensazioni erano troppo forti, troppo bollenti, troppo vivide se paragonate al torpore nel quale aveva vissuto da quando l'aveva lasciato. «Dio, Brian...»

La lingua dell'uomo guizzò sulla punta sensibile del

suo seno, e i colpi della bocca riecheggiarono come contrazioni tra le sue gambe. Layla strofinò la fica contro di lui, inumidì la pelle di Brian con il proprio desiderio, cavalcò il grosso muscolo nel tentativo di alleviare la sua brama di essere riempita.

«Mi fai impazzire» mormorò.

Il sudore le imperlò la pelle. Era come dopo una scottatura, quando la carne è così sensibile da essere quasi dolorante. E quando la bocca di Brian si spostò sull'altro seno, Layla gridò, intossicata da quell'indigestione di sensazioni. Lui succhiò più forte, e i denti la graffiarono con una pressione appena sufficiente a farla gridare.

Aveva ormai i crampi alle mani quando alla fine Brian scivolò tra le sue cosce. Layla gli avvolse una gamba sopra la spalla e lasciò ricadere l'altra da un lato.

«Bellissima» la adulò lui, schiudendola con le dita. Fece guizzare la lingua sul suo clitoride, e Layla si sollevò contro la bocca in cerca di un maggiore contatto. «E dolcissima. Ti mangerò per ore... Voglio rimediare a tutte quelle volte che ho desiderato il sapore della tua fica e tu non c'eri.»

«Bri, ti prego...»

«Così, tesoro.» Leccò attraverso le pieghe bagnate con un profondo gemito di piacere. «Implorami. Fammi sentire.»

Afferrandole il sedere, Brian chinò la testa e le lavorò il clitoride massaggiandolo con la lingua. E Layla ondeggiò i fianchi spingendo la sua carne fremente contro le labbra dell'uomo. Lui seguì le sue pieghe con colpi lenti ed eccitanti, poi passò a torturare la stretta fessura della sua fica finché Layla non si ritrovò a fremere.

«Non giocare con me» gli sussurrò, così tesa da stare male. «Fammi venire.»

«Non ancora.»

«Ho aspettato cinque anni. Non farmi aspettare ancora.»

«Non finirà così» l'avvertì Brian.

Layla si morse il labbro contorcendosi sotto di lui. «Ti prego.»

Afferrandola per i fianchi, scopò la sua fica con colpi rapidi gettando indietro la testa per dare loro profondità. Fu un bacio infuocato e travolgente, reso ancora più eccitante dai gemiti famelici di Brian. I suoni bagnati di quella bocca avida contro il suo sesso fradicio erano incredibilmente erotici. Dimenando il bacino, sentì il clitoride pulsare come in protesta per essere stato ignorato.

La leccò con una tale passione che Layla si ritrovò a spingere ferocemente contro quella ritmica penetrazione. Il piacere era troppo, il suo amore per lui troppo forte, l'amore di Brian per lei troppo evidente e intenso.

L'uomo si mosse con un gemito, le circondò il clitoride con le labbra e lo succhiò, lo leccò, spingendola verso un orgasmo devastante.

7

«Basta» disse Layla spingendo debolmente contro la sua testa.

«Ancora una volta» sussurrò di rimando Brian guizzando con la lingua sul clitoride gonfio. «Una volta sola, piccola.»

Aveva perso il conto di quante volte l'aveva fatta venire, ma non sarebbero mai state sufficienti a soddisfarlo. Sentiva il cazzo pulsare impaziente che venisse il suo turno di assaggiare quella fica calda e bagnata, ma riuscì a controllarsi: aveva bisogno del piacere di Layla più di quanto non avesse bisogno del proprio.

Con pazienza e dolcezza, la portò di nuovo all'orgasmo. Soffocò i suoi gemiti contro le pieghe del sesso dolce e morbido di Layla, e con la lingua la penetrò fino in fondo. I gemiti della donna risuonarono bassi e rochi, il corpo tremante e imperlato di sudore fino allo sfinimento.

Quando lui si ritrasse, la gamba di Layla scivolò lentamente giù dalla sua spalla, il corpo rilassato e sazio. Era così vulnerabile, in quel momento. Aperta. Quasi come Brian aveva bisogno che fosse.

Quando lei si raggomitolò su un fianco, lui si alzò dal letto. Ma gli occhi della donna non riuscivano a distogliersi dalla vista della sua asta dura ed eretta. Layla si leccò le labbra. «Potrei succhiartelo.»

Brian allungò una mano verso il comodino.

Un lieve gemito sfuggì dalle labbra di Layla.

«Sei morbida e rilassata, adesso» la blandì, afferrando il gel intimo. «Non devi fare niente. Non devi nemmeno muoverti. Penso a tutto io.»

«Brian...»

«Ne abbiamo bisogno, Layla. Sai che ne abbiamo bisogno.»

Vide la pelle d'oca comparire sul suo corpo. Layla si voltò, si stese a pancia in sotto e lui si distese affianco a lei sul letto, percorrendo con le labbra schiuse la sua spina dorsale. «Non so dirti quanto l'ho sognato... quante volte mi sono svegliato eccitato fino a stare male.»

Afferrando il cuscino, Brian fece passare un braccio sotto i fianchi snelli di Layla e la sollevò; poi spinse il cuscino sotto di lei facendole trovare la giusta inclinazione.

Layla strinse le lenzuola nei pugni, il petto che si sollevava e si abbassava a ogni rapido respiro. «Mi ucciderai... non ce la faccio. Non adesso.»

Brian dispose una linea di lubrificante tra due dita, e una noce più grande sulla punta. «Sai che dev'essere adesso.»

Layla tremò quando le toccò il piccolo anello di muscoli, che si fletté in risposta. Lo massaggiò con cerchi lenti e delicati, paziente. Sapeva cosa significava quell'atto per Layla, quanto gli stava dando di sé quando si concedeva a lui in quel modo, quanto si sentisse esposta e vulnerabile. Glielo aveva mostrato la notte precedente, facendogli provare su di sé quello che Brian aveva creduto di riuscire a comprendere a priori.

«Non c'è stato nessun altro qui, vero, piccola?» le chiese dolcemente.

Il labbro inferiore di Layla tremò.

«Sei ancora mia, non è vero, Layla? Così come io sono sempre stato tuo.»

«Brian, ti prego... non ce la faccio.»

La punta di un dito si spinse dentro, e lei rimase senza respiro. Il suo corpo snello tremò.

Poi lui scivolò dentro e fuori, ruotando il polso. Dopo un momento, un altro dito si unì al primo. Layla sussurrò un'imprecazione e iniziò a muovere i fianchi in piccoli cerchi, cercando il piacere del suo tocco.

Sibilò quando Brian spinse un terzo dito nella piccola apertura.

«Sei così stretta, cazzo,» gemette lui quando la sentì serrarsi attorno alle dita che la stavano penetrando «e calda da fare male.»

«Dio...»

A quel punto scivolò fuori dalle profondità di Layla e si riempì il palmo di gel. Si massaggiò il sesso dalla radice alla punta, stringendo la pulsante lunghezza e immaginando quanto sarebbe stato incredibile entrarle di nuovo dentro. Più della brutale fisicità di quell'atto, era la resa di Layla a eccitarlo da morire. Brian cedeva a lei in molti modi, non aveva mai potuto fare a meno di volerla vedere felice, trovava quasi impossibile dirle di no, e in questa sua pretesa Layla si abbandonava completamente a lui.

Se avesse avuto bisogno di una prova del fatto che ci fosse ancora un muro emotivo tra loro, sarebbe stata la resistenza di Layla a quell'atto. Non gli aveva mai negato niente, soprattutto non a letto. Ma in quel momento era vulnerabile, resa debole dal piacere e dall'amore ai quali stava di nuovo cedendo per lui. Dopo che il giorno prima si era nascosta dietro una maschera inespressiva, quella notte stava finalmente iniziando a guardarle dentro, e aveva capito che era arrivato il momento, la sua possibilità di arrivare a lei, di farle sentire il proprio bisogno, il proprio rimpianto, il proprio dolore. E di sentire a sua volta quanto le mancava, e quanto ciò lo stava divorando vivo.

Alleviò i suoi brividi posandole una mano sul fianco, poi si prese in mano il cazzo e fece scorrere l'ampia punta lungo la linea dei glutei, stuzzicando la piccola apertura tremante. Inalando bruscamente, Layla spinse in fuori, accettandolo. Brian si spinse in avanti, scivolò dentro di lei, e gemette da quanto era calda e maledettamente stretta, al limite del sopportabile.

Lei espirò tremante. «*Brian...*»

«Sono qui con te» le disse con voce roca, scivolando più a fondo. «Sta straziando anche me, piccola. Mi sta uccidendo...»

Layla spinse indietro i fianchi e lo prese per metà. Era stretta attorno a lui, e si contraeva ritmicamente. Il piacere stava mandando in tilt la mente di Brian, respirare sembrava impossibile. Rivoli di sudore iniziarono a scorrergli lungo il petto e la schiena, le mani gli tremavano e sentiva la bocca così secca da riuscire a malapena a deglutire.

Allungando una mano, la posò sul sesso di Layla e gemette nel sentire quanto fosse bagnato e gonfio. Si spinse più a fondo dietro di lei, e allo stesso tempo la penetrò davanti con le dita.

«Cazzo» disse a denti stretti, sentendo sé stesso attraverso la sottile membrana tra le dita e il cazzo, e lottando contro il bisogno di venire ancor prima di esserle entrato dentro fino in fondo.

Layla si aggrappò alle lenzuola. Gemiti e grida le sfuggirono dalla gola, lievi suoni di un disperato desiderio. Allargò ancora le gambe, e sollevò il sedere per prenderlo più a fondo.

«Così» le sussurrò Brian. Layla si aprì, e il cazzo scivolò dentro fino alla base. «Così, piccola. Così.»

«Bri...» La sua voce si ruppe.

Ritraendo le dita, le sfilò il cuscino da sotto i fianchi e lo gettò da una parte. La prese per la vita, rotolarono insieme su un fianco e si sistemò a cucchiaio dietro di lei, ancora dentro fino in fondo. Un bicipite le fece da cuscino per la guancia mentre l'altro braccio le avvolse la vita. Incrociò le dita alle sue e le premette contro il suo stomaco teso, tenendola ferma mentre iniziava a muoversi.

Per Layla fu come essere travolta... andare in pezzi... e non poté fermarlo. Stava tremando in modo incontrollato, nuda come mai lo era stata, la sua eccitazione così violenta e selvaggia da spaventarla. Era come se le scorresse sottopelle, lottando per venire fuori.

Brian era ovunque, dietro di lei, attorno a lei, nel suo corpo e nella sua anima. Il petto dell'uomo si sollevava e si riabbassava contro la sua schiena, la pelle in fiamme e madida di sudore a sigillarli.

Aveva così bisogno di lui. Troppo. Aveva bisogno del

suo impeto e del suo desiderio, e attraverso di essi poteva sentire quanto avesse bisogno di lei.

Brian si tirò indietro, e la frizione della punta del membro su quei tessuti ipersensibili le provocò una sensazione agonizzante e deliziosa al tempo stesso, spingendola a inarcare il sedere contro di lui in cerca di un contatto più profondo.

«Piano, piccola,» la voce di Brian risuonò graffiata dal desiderio «con calma.»

Poi si spinse di nuovo in lei.

Quello scivolamento lento ma deciso fece in modo che lei percepisse ogni più piccola sfumatura di quella penetrazione. Che avvertisse a pieno la sensazione di essere posseduta, dominata.

Layla gettò indietro la testa contro la spalla di Brian. Quel lieve dolore portava in sé piacere, e si ritrovò a serrarsi attorno a quella violenta invasione nel disperato tentativo di tenerlo a sé mentre lo sentiva in procinto di uscire di nuovo.

«Cazzo, sì» ringhiò lui schizzando dentro di lei un fiotto di liquido preseminale. «Continua a stringermi così. È fantastico, Layla. Fantastico...»

Lei gemette, e con la mano scivolò in basso sul clitoride gonfio e pulsante. E Brian si mosse con lei, le loro dita ancora intrecciate.

«Lascia fare a me.» L'indice e il medio dell'uomo trovarono il suo sesso, lo schiusero e iniziarono a toccarla così delicatamente che Layla fu sul punto di piangere.

Il cazzo di Brian scivolò fuori finché solo la grossa punta non fu rimasta all'interno, poi la penetrò con forza e fino in fondo. Il ringhio strozzato dell'uomo risuonò contro la sua schiena. Due dita lunghe e grosse si spinsero lentamente nella sua fica pulsante, mentre con il palmo le massaggiava il clitoride.

«Ho bisogno che...» Le parole si smarrirono in un gemito di piacere. «Oh, dio... scopami, ti prego. Ora.»

Tenendola ferma con la mano tra le gambe, Brian iniziò a penetrarla dietro con colpi decisi e misurati. I fianchi dell'uomo lavorarono come una macchina ben oliata, spingendo contro la curva del suo sedere e accarezzandola internamente lungo terminazioni nervose che solo lui aveva toccato.

Layla singhiozzò, il sangue che scorreva impazzito nelle vene. I versi di Brian innescarono in lei una brama oscura e profonda; i ringhi rochi e le imprecazioni sussurrate, i gemiti disperati di piacere. Con la parte bassa della mano le stimolò il clitoride a ogni colpo, portandola sempre più vicina a un orgasmo che sapeva l'avrebbe distrutta. Non le sarebbe rimasta alcuna difesa contro di lui una volta che avesse finito con lei, niente a proteggerla dal dolore di perderlo di nuovo.

«Ti amo, Layla.» La voce di Brian fu come un graffio strozzato contro il suo orecchio. «Maledizione, ti amo così tanto.»

La spinse delicatamente in avanti facendo forza con le ginocchia, poi i colpi divennero più veloci, più profondi... e le dita scivolarono dentro e fuori perfettamente a tempo.

«Ti amo.» Layla ansimò pronunciando quella dolorosa verità, e venne con impeto. Fu scossa dai brividi, si spinse contro il cazzo di Brian e si tese di colpo quando sentì i suoi schizzi infuocati esplodere fino in fondo dietro di lei.

Brian si aggrappò con forza a lei, stringendola. Per un

momento la disperazione scomparve, lasciandoli soli l'uno nelle braccia dell'altra. Non erano mai stati così vicini, e allo stesso tempo non erano mai stati così lontani.

Layla si svegliò di fianco a Brian. Si destò avvertendo il peso del suo braccio su di lei, e la gamba intrecciata alle sue. Aveva sepolto il viso dietro la sua nuca, e poteva percepire i suoi respiri ritmici contro la pelle.

Il giorno seguente sarebbero arrivati a San Diego e Brian sarebbe andato per la sua strada. Di nuovo. Il fatto che avesse confessato di aver rimpianto il giorno in cui l'aveva lasciata andare via era di ben poco conforto. Se avessero potuto avere una seconda possibilità, sapeva che entrambi avrebbero fatto scelte diverse.

Era troppo giovane quando l'aveva lasciato. Appena diciannovenne. In pratica Brian era stata la sua prima relazione. Doveva essere sembrata davvero infantile a un uomo di venticinque anni, quando gli aveva chiesto di scegliere tra lei e la vita per la quale aveva lavorato duramente. E così Brian aveva deciso di non riarruolarsi in marina perché Layla aveva bisogno di averlo accanto.

Ma cosa aveva sacrificato lei per lui? Non abbastanza. Inebriata da una sorta di smania adolescenziale, aveva preteso il 'grande gesto' che dimostrasse che lui l'amava. Aveva mancato di fiducia in sé stessa, nella propria abilità di tenere vivo l'interesse di Brian per lei e di soddisfare i suoi appetiti a tratti oscuri e spesso imperativi. E aveva interpretato in modo errato il significato delle premure e della considerazione che aveva per lei, credendo che la stesse trattando come una bambina invece di vedere la verità: la coccolava perché l'amava e perché voleva vederla felice.

Adesso era troppo tardi.

Layla sospirò. Brian l'attirò più forte a sé.

«Non pensarci» le disse con voce roca, e le premette un bacio su una spalla.

«Sto provando a non farlo.» Al contrario, stava iniziando a pensare alla possibilità di lasciare il Paese, scomparire assieme a lui e non lasciarlo più andare. Ma nessuno di loro poteva farlo. L'agente Sandoval era morto per salvarle la vita; era una sua responsabilità aiutare ad assicurare alla giustizia gli uomini che avevano ucciso lui e Steph.

Portandosi la mano di Brian alle labbra, gli baciò le nocche, poi le strofinò contro la guancia. Sentì il suo respiro interrompersi, e subito dopo accelerare quando lui la strinse più forte a sé.

«Mi dispiace,» sussurrò Layla «mi dispiace tanto.»

«No, tesoro. Sono io che ho fatto un casino. Sono io che avrei dovuto capire. Avevi bisogno di essere rassicurata e io non l'ho fatto.»

Layla si voltò tra le braccia di Brian e si accoccolò contro il suo petto. «Ero preoccupata di essere troppo inesperta e ignorante per impedire che ti annoiassi.»

Le si strinse il cuore di fronte al sorriso di Brian. «Sei sempre stata un bel tipetto. La noia non è mai stata un problema.»

«Ero pazza di gelosia ogni volta che una donna più vicina alla tua età flirtava con te o ti mangiava con gli occhi. Mi sentivo inadeguata ogni volta che incontravo le mogli o le fidanzate dei tuoi amici e vedevo quant'erano mature e sicure di sé.»

«E tutto ciò mentre io pensavo di essere l'uomo più fortunato della stanza ad averti.»

Le sue lacrime bagnarono il petto di Brian. «Continuavo a pensare che ti avevo ricattato per stare con me. Sapevo che non eri pronto, ma sapevo anche che non potevi sopportare il pensiero di me con qualcun altro. Ti ho messo nella posizione di scegliere il male minore, ma sentivo che non eri a tuo agio.»

Le mani callose di Brian le accarezzarono la schiena. «Non lo ero.»

Layla sollevò lo sguardo su di lui – aveva i capelli corti in disordine, e gli occhi rossi – e pensò che fosse l'uomo più bello che avesse mai visto. «Lo sapevo.»

«Avevo paura di essere troppo 'posato' per te. Avevo già avuto la mia buona dose di notti folli e sbronze, e quando ero a casa l'unica cosa che volevo era stare da solo con te.»

«Lo volevo anch'io.»

Brian sospirò. «Mi sentivo strano. Continuavo a pensare che la cotta per me ti sarebbe passata; e perderti mi avrebbe distrutto. Hai fatto appena in tempo a rompere con me; se l'avessi fatto un istante dopo, mi avresti ucciso. Sono sopravvissuto solo perché speravo ancora che saresti tornata; che una volta pronta a mettere radici, sarei stato io l'uomo con cui l'avresti fatto.»

«È per questo che mi hai lasciato andare? Perché potevi ancora sperare che tornassi?»

«In parte. E in parte perché pensavo che avessi bisogno di vivere un po'. Di vedere che altro c'era là fuori. Non eri l'unica a essere insicura. Volevo essere certo che non ti saresti guardata indietro chiedendoti se ci fosse qualcuno di meglio là fuori per te, se in fondo non ti fossi fermata al primo che ti era capitato.»

Layla chiuse gli occhi e si abbandonò a una stanchezza che era più che fisica. «Sono contenta che abbiamo trascorso questi giorni insieme» disse piano. «Ogni volta che dovevo conoscere un nuovo supervisore, trattenevo il respiro sperando che fossi tu. Provavo sempre questo strano mix di delusione e sollievo quando scoprivo che non era così. È bello poter mettere un punto. Perlomeno so che abbiamo tenuto con noi parte dei ricordi...»

«*Sssh.*» Brian premette le labbra sulle sue. Fu un bacio pieno di dolcezza e dolore.

Layla si strinse a Brian come volesse farsi largo dentro di lui. Prendersene cura. Tenerlo a sé.

Dio solo sapeva quanto l'amava. E non aveva idea di come avrebbe fatto a vivere senza di lui, sapendo che era lì fuori da qualche parte, ancora innamorato di lei...

«Non pensarci» le ripeté.

Più facile a dirsi che a farsi, quando il suo cuore stava andando di nuovo in pezzi.

8

Viaggiarono fino ad Albuquerque facendo solo qualche breve sosta per cibo e benzina.

Lasciarono la I-40, diretti verso la periferia. Layla se ne stava di fianco a Brian, in silenzio, come era stata per gran parte del giorno. Nonostante il suo volto fosse nascosto dalla visiera del cappello da baseball, lui riusciva a sentire la tristezza irradiarsi da lei. Aveva lui stesso lo stomaco chiuso dal dolore e dalla frustrazione, e le mani continuavano a stringersi nervose sul volante mentre si malediva per non aver impedito che accadesse tutto questo.

Se solo le avesse parlato quando Layla aveva avuto bisogno di rassicurazioni, se solo l'avesse messa a parte dei suoi piani, in quel momento sarebbero potuti essere in una situazione del tutto diversa. Lei sarebbe stata al sicuro accanto a lui e insieme sarebbero stati felici.

Rallentarono attraversando un tranquillo quartiere residenziale e Layla si ridestò, voltandosi verso di lui per rivolgergli uno sguardo incuriosito.

«Ho un amico da queste parti» le spiegò, fermandosi di fronte a una casa stile ranch con una Chevrolet Silverado parcheggiata nel vialetto, di fianco a un rimorchio per barche.

Parcheggiando, lasciò le chiavi nel cruscotto e disse: «Fammi vedere se è in casa.»

Prima che potesse scendere dall'auto, la porta principale si aprì e Jack Killigrew comparve sulla soglia. Alto e scuro – sia di aspetto che di comportamento – Jack era un U.S. Marshal del gruppo operazioni speciali come Brian, uno Shadow Stalker di cui poteva fidarsi.

«Resta seduta» le sussurrò scendendo dal Bronco, poi aggirò il veicolo e si rivolse all'amico: «Ehi, Killigrew. Sono in un bel pasticcio.»

«Sei in vena di eufemismi.» L'altro vice gli tese la mano e si strinsero per gli avambracci, scambiandosi un abbraccio veloce e una pacca sulla schiena. «Sei più ricercato di un serial killer. È lei, vero? La tua Layla?»

«Certo.»

Una bella biondina con un abitino estivo uscì dalla casa e gli rivolse un sorriso incerto.

«Ah, merda,» mormorò Brian «non ho pensato che Rachel e Riley potessero essere qui. Ce ne andiamo.»

Jack si era trovato in una situazione simile a quella di Brian di recente – innamorato di una donna che non poteva avere – ma era riuscito a far funzionare le cose. Aveva ottenuto la ragazza e il futuro che un tempo aveva sognato di avere.

Che fosse dannato se avesse rischiato di mandargli tutto all'aria.

«Riley è con la nonna,» intervenne Rachel «in California.»

Brian le tese la mano. «Piacere di conoscerti, Rachel. Brian Simmons.»

«Piacere mio» rispose lei con un sorriso. «Stiamo per buttare sulla griglia qualche bistecca. Jack ne ha comprate abbastanza per sfamare un esercito, come al solito. Spero vogliate restare per cena.»

Brian si rivolse a Jack con un mesto sorriso. «Apprezzo l'offerta, ma mi sono fermato solo per un momento.»

«Stronzate» replicò Jack. «Hai avuto un tempismo perfetto. Ho detto a tutti che saremmo stati da Rachel a Monterey in modo che ci lasciassero in pace. Nessuno sa che siamo qui.»

«Jack...»

Jack lo ignorò e si diresse verso il Bronco. «Ho un paio di camere per gli ospiti. Sposto la mia auto dal vialetto e potrai parcheggiare in garage.»

Aprendo la portiera di Layla, si presentò e le indicò la casa. Lei guardò verso Brian, e lui scrollò le spalle.

I loro occhi s'incontrarono per un momento, e un fiume di emozioni scorse tra di loro.

Rimaneva così poco tempo. Odiava l'idea di condividerne anche solo un istante con qualcun altro, ma aveva bisogno dei consigli e dell'aiuto di un collega, e Layla aveva bisogno di un luogo in cui rilassarsi.

Le tese la mano quando la vide avvicinarsi. Le dita di Layla s'intrecciarono alle sue e Brian la condusse in casa.

«Come posso aiutarti?» chiese Layla, osservando Rachel tirare fuori dal frigo le verdure per un'insalata.

«Ti va di pelare un cetriolo e tagliare qualche pomodoro?»

«Certo.»

Dopo aver sciacquato e asciugato la verdura, Layla raggiunse Rachel al ripiano di marmo della cucina a isola e sorrise alla biondina gentile, i cui ricci dorati incorniciavano perfettamente un visino attraente e un paio di dolci occhi blu.

«Hai una casa molto bella» le disse Layla, invidiando la famiglia felice dell'altra donna.

«Non è mia. Jack e io siamo una coppia ancora abbastanza recente. Perlomeno, nel senso romantico del termine.»

«Non l'avrei mai detto.» Era chiaro che Jack stravedesse per Rachel. Per certi versi gli ricordava Brian. Erano entrambi uomini duri, pratici... con un lato tenero che mostravano solo alle donne che amavano. Quando guardava Rachel, i sentimenti di Jack per lei erano palesi.

«Ci conosciamo da anni. Era il miglior amico del mio ultimo marito ed è il padrino di mio figlio.»

«Tu e io abbiamo molto in comune» notò Layla.

Rachel continuò a sfogliare una pianta di lattuga. «Jack mi ha spiegato brevemente perché siete qui. Non riesco a immaginare cosa stai passando, eppure sei così coraggiosa, così padrona di te. Sei incredibile. Jack dice che vieni da una famiglia di militari.»

«Jack sembra sapere molte cose di me.»

«Gli ho detto la stessa cosa» rise Rachel. «A quanto pare Brian parla parecchio di te. Dev'essere un sollievo averlo accanto.»

«Enorme.» Layla iniziò a tagliare i pomodori a dadini. «È strano. Abbiamo rotto principalmente per colpa del suo lavoro, e adesso non potrei essere più grata del fatto che fa ciò che fa, e che mi sta aiutando ad affrontare tutto questo.»

«Il lavoro di Jack ha rappresentato un ostacolo anche per noi. Credeva fosse troppo pericoloso per me e Riley, e che alla fine mi sarei pentita di stare con un uomo che è spesso lontano.»

«Non erano le separazioni a preoccuparmi» disse Layla, riflettendoci su. «Forse perché ci sono cresciuta. Il mio problema era – ed è ancora – il suo bisogno di scegliere i lavori e le situazioni più pericolose. Voglio dire, non poteva rimanere un semplice U.S. Marshal. Non bastava essere un marinaio semplice. No. Lui doveva unirsi alle forze speciali.»

«È brutto quando sono via, lo so.»

«È più brutto quando non tornano indietro.»

Rachel si bloccò con lo sguardo fisso sul ripiano.

Espirando di colpo, Layla smise di tagliare. «Mi dispiace, non avrei dovuto dirlo.»

«Va tutto bene.» Rachel si allontanò dal ripiano e prese una birra dal frigo. Ne porse una a Layla, ma lei scosse la testa. «Ho dovuto pensare bene anche a questa possibilità prima di mettermi con Jack. Dovevo essere sicura di volerlo davvero, poiché rischiavo che Riley dovesse affrontare la perdita del patrigno, oltre a quella del padre.»

Layla mise giù il coltello. «Cos'è che ti ha convinto?»

«Jack. Merita di essere amato. Merita di avere qualcuno a casa da cui tornare. Con tutto quello che fa per gli altri, merita di avere qualcosa per sé.» Rachel fece un lungo sorso di birra, poi la mise giù e tornò a lavoro. «Jack è cresciuto in affidamento. Mi ci è voluto un po' per capirlo, ma gli uomini con i quali lavora sono la sua famiglia, l'unica che abbia mai avuto. Mi sono resa conto che dovevo considerare il suo lavoro come avrei fatto con una suocera antipatica: qualcosa da accettare, e basta. Devo prendermelo così com'è.»

Sorreggendosi al ripiano, Layla si sforzò di respirare regolarmente mentre il cuore le si stringeva nel petto.

Dio.

Si suppone che le famiglie siano composte da persone che tengono le une alle altre, persone che farebbero di tutto... perfino morire. Layla era stata fortunata, ma come Jack, anche Brian non aveva avuto niente di tutto ciò. La madre era sempre stata presa dagli uomini della sua vita, perdenti che la usavano e la lasciavano una volta passata l'euforia dei primi tempi. Brian non aveva idea di chi fosse il padre e non aveva fratelli di cui fosse a conoscenza.

Per questo aveva scelto ambiti e lavori che gli avrebbero fornito l'appoggio di una famiglia. Carriere che gli avrebbero permesso di conoscere persone alle quali poter affidare la propria vita. E quella di Layla.

E lei aveva preteso che vi rinunciasse. Visto che quella richiesta proveniva da una ragazza che lui temeva avrebbe potuto lasciarlo da un momento all'altro, doveva essergli sembrata impossibile da accettare. Brian aveva già perso Jacob.

In quel momento capì come mai non era stato in grado di rinunciarvi. Non era il lavoro in sé: erano i legami che tale lavoro comportava. E lei non gli aveva offerto nessuna alternativa.

«Stai bene?» le chiese dolcemente Rachel.

«Scusami, sono solo molto stanca.» Layla sollevò la testa. «Ero già stressata per il processo. Poi questi ultimi due giorni...»

«Presto sarà tutto finito, no?»

«Non finirà mai. Una volta testimoniato, rientrerò nel Programma protezione testimoni in attesa di vedere se avranno ancora bisogno di me.»

«Brian verrà con te?»

Layla scosse la testa. «Non saprà nemmeno dove sono o quale sarà il mio cognome. Oggi e domani è tutto ciò che abbiamo.»

«E allora perché diavolo sei qui in cucina con me?» le chiese Rachel senza scomporsi. «Ci penso io alla cena. Va' a trascorrere un po' di tempo con il tuo uomo.»

«In realtà credo stia parlando con il tuo uomo» replicò Layla, ritrovandosi a sorridere nonostante tutto. Le piaceva Rachel. Avrebbe voluto poter avere una vita di quel tipo, passare del tempo con persone alle quali Brian teneva, a grigliare cibo in una bella giornata e ad autocommiserarsi con una persona che sapeva cosa volesse dire aspettare, e preoccuparsi e sperare nel meglio. La cosa peggiore era che un tempo questa vita era stata sua, e l'aveva buttata via.

«Allora fatti una doccia e riposa un po'. Ci vorranno ancora un paio d'ore prima che sia pronto.»

«Mi sentirei di peso se non aiutassi.»

«Puoi aiutarmi a risistemare dopo, che ne dici? Mi piace preparare tutto. È il macello che ne consegue che mi piace meno.» Rachel aggirò l'isola. «Vieni, ti mostro la vostra stanza. La casa ha due camere matrimoniali, quindi avete un bagno per voi.»

«Grazie, Rachel.» Layla incontrò gli occhi chiari della donna e cercò di trasmetterle la profondità della sua gratitudine. Significava molto per lei che entrambi potessero avere questa breve tregua assieme a degli amici fidati in una casa piena d'amore. Era un momento autentico, reale, sebbene estemporaneo tanto quanto le due notti precedenti trascorse in dei motel di quart'ordine.

Rachel le prese la mano e gliela strinse. «Quando vuoi.»

«Non ti avevano informato di tutto, quando sei arrivato sul posto?» gli chiese Jack.

«Era stato un rimpiazzo dell'ultimo minuto...» La voce di Brian si affievolì quando Layla passò di fronte alle doppie porte aperte dello studio. Il modo in cui teneva incurvate le spalle e la testa china furono più eloquenti di mille parole riguardo al suo umore.

Con un sospiro, Brian si appoggiò pesantemente al bordo della scrivania di Jack. L'altro uomo, che era in piedi con le spalle alla porta, voltò la testa per seguire lo sguardo di Brian.

«Che pensi di fare con lei?» gli chiese piano.

«Cosa non farei?» ribatté Brian passandosi una mano tra i capelli. «Incolpa sé stessa per la nostra rottura cinque anni fa.»

«Non fu colpa sua? È lei che ti ha lasciato.»

«Siamo entrambi responsabili» replicò bruscamente, sentendo il bisogno di proteggerla da ogni critica. «Tutti e due avevamo bisogno di qualcosa dall'altro, e non siamo stati in grado di esprimerlo.»

Jack fece una smorfia come a indicare che lo capiva. «So bene di cosa parli.»

«Niente di tutto questo ha importanza, adesso. Non riesco nemmeno a pensare di vivere di nuovo senza di lei. Mi fa impazzire.» Brian si sforzò di pensare al problema più pressante: tenere Layla al sicuro. «Mi hanno chiamato all'ultimo minuto perché uno degli agenti che avrebbe dovuto far parte della scorta di Layla ha chiamato dandosi malato. Ho bisogno che tu scopra di chi si tratta.»

«Sono sicuro che qualcuno ci ha già pensato, e se questa persona è coinvolta nell'attentato, molto probabilmente lui o lei aveva pianificato tutto. Vedo cosa riesco a scoprire.» Jack incrociò le braccia. «La narcotici ha investito tanto in questo processo. È una questione personale, per loro.»

Brian capiva cosa intendesse Jack. Era un'inchiesta inter-agenzia, era a rischio la reputazione di molti, e i media tenevano i riflettori ben puntati su tutta la vicenda. Di certo era stata presa ogni precauzione, soprattutto nell'assegnazione del caso agli agenti più affidabili. Per un'agenzia, dover ammettere di fronte a un'altra che uno dei propri uomini aveva tradito sarebbe stato a dir poco imbarazzante; e avrebbe scoperchiato un vaso di Pandora. «In qualsiasi altra situazione avrei scommesso che era stato il testimone a mandare tutto a puttane. Ma non con Layla. È sveglia e tiene troppo alla vita degli altri per mettere a rischio chiunque senza motivo. Qualcuno è stato comprato.»

«Cos'altro posso fare per aiutarti?»

La bocca di Brian s'incurvò in un mesto sorriso. «Stai già facendo abbastanza. Layla è stanca, spaventata e preoccupata per cose che non può cambiare. Aveva bisogno di un porto sicuro che non fosse una sporca bettola a ore.»

«Resterete per la notte.» Non era una domanda.

«Ce ne andremo verso le tre. Voglio che arrivi a San Diego prima che chiudano gli uffici in modo da poterle concedere un paio d'ore con il viceprocuratore prima di dover testimoniare il giorno successivo.»

Jack annuì.
«Mi farebbero comodo quattro gomme nuove» disse Brian. «Ho sfidato la fortuna ad arrivare fin qui con il Ford Bronco di Jim. Dovrei noleggiare un'auto con le palle.»
«Prendi il mio SUV.»
«Non posso farlo. Stai già facendo abbastanza.»
«Sappiamo entrambi che le auto a noleggio non sono affidabili, e rischiano di attirare maggiormente l'attenzione.» Jack incrociò le braccia. «Prendi il SUV.»
Brian raddrizzò le spalle. «Ti sono debitore.»
«Puoi dirlo forte. Non credere che lo faccia solo per gentilezza. Passerò a riscuotere il favore.» Jack si voltò verso la porta. «Vado a passare un po' di tempo con la mia donna. Fa' lo stesso anche tu.»
«Grazie, Jack.»
L'amico si fermò sulla soglia. «Quando vuoi.»

Entrando in camera, Brian udì la doccia scorrere e iniziò a spogliarsi. Una volta nudo, aprì la porta socchiusa del bagno ed entrò nella stanza fumosa. Layla era in piedi con una mano contro le piastrelle di fronte a lei e la testa china sotto il getto della doccia. I capelli lunghi e scuri le ricadevano pesanti attorno al viso.
Dalla sua postura traspariva un tale dolore e un tale abbattimento che Brian non poté frenarsi. Aprì la porta a vetri, entrò nella doccia, le voltò il viso e la strinse forte a sé. Stava singhiozzando violentemente, e il suo cuore si spezzò di fronte a quella sofferenza.
«Tesoro,» mormorò, accarezzandole su e giù la schiena con le mani «non ce la faccio a vederti piangere.»
Layla lo abbracciò e seppellì il viso contro il suo petto.
Lui la tenne stretta, le sussurrò parole dolci, le offrì il

conforto di cui era capace. Alla fine i singhiozzi passarono, e Brian si prese cura di lei come avrebbe dovuto fare negli ultimi cinque anni. Le lavò i capelli e il corpo, poi l'avvolse in un asciugamano e la portò a letto.

Poi, sfiniti, si accoccolarono sotto le coperte e si addormentarono.

9

«Entrò insieme a mio fratello Jacob e mi prese un colpo.» Layla si appoggiò allo schienale della sedia e si godette la brezza fresca che soffiava tra i suoi capelli. «Avevo sedici anni. Lui ne aveva ventidue ed era da togliere il respiro. Bellissimo, con un corpo peccaminoso. Aveva un sex appeal così intenso che fu come benzina per i miei ormoni da adolescente. Era l'uomo più sexy che avessi mai visto.»

Rachel rise dolcemente. «Chimica sessuale.»

«A dir poco. I ragazzi del mio liceo in confronto sembravano tutti ragazzini goffi e impacciati.» Layla accarezzò con la punta del dito il bordo del suo bicchiere d'acqua. «Ma lui mi vedeva solo come la sorellina fastidiosa del suo migliore amico.»

«Magari» intervenne Brian arrivandole alle spalle e premendole un bacio breve e intenso sulla tempia. «Mi faceva sentire un maniaco. Mi aveva completamente incasinato. La volevo più di quanto avessi mai voluto una donna prima di allora, e non potevo averla finché non fosse cresciuta.»

«Ah! Non lasciarti ingannare, Rachel» disse Layla lanciandogli un'occhiataccia. «Nel frattempo non è stato esattamente un santo.»

«Nemmeno tu.» Fece indietro la sedia adirondack di fianco a lei e le prese la mano nelle sue. «Sapevi che mi stavi facendo impazzire. Lo facevi di proposito.»

«Ne avevi bisogno. Con tutte quelle ragazze che perdevano la testa per te, stavi iniziando a montarti.»

Jack tornò dalla cucina con una bottiglia di birra per Rachel. Lo sguardo che si scambiarono fu al contempo pieno di affetto e intimità.

Layla distolse lo sguardo e lo posò su Brian, che se ne stava con la testa china e gli occhi chiusi. Sembrava rilassato, ma Layla sapeva che non lo era per niente.

Nessuno dei due aveva mangiato granché a cena. Erano entrambi troppo stressati per godere dell'abilità di Jack alla griglia.

«Vuoi andare a letto?» gli chiese Layla sottovoce, consapevole che stava andando avanti per inerzia nonostante il riposino di poco prima.

Brian inspirò a fondo e annuì. «Sarebbe il caso. Dobbiamo ripartire tra poche ore.»

Layla guardò Rachel e Jack, e rifletté su che coppia incredibile fossero. I capelli ricci, corti e biondi di lei erano in netto contrasto con l'aspetto scuro e attraente di lui. Un contrasto delizioso. «Grazie per la cena e per aver ospitato due fuggitivi.»

«Grazie per aver riordinato dopo cena.» Rachel si alzò in piedi con fare aggraziato. «Mi ha fatto davvero piacere avervi qui, Layla. Spero non sia l'ultima volta che ci vedremo.»

Lo sarebbe stata. Tra un giorno o due Layla Creed avrebbe smesso di nuovo di esistere e sarebbe diventata qualcun altro. Layla accantonò il pensiero con un sorriso forzato, scegliendo di concentrarsi sul presente. Fare diversamente l'avrebbe fatta impazzire. Abbracciò l'altra donna, poi Jack.

L'U.S. Marshal abbassò lo sguardo su di lei, il viso attraente scuro e austero. «Ti ammiro, Layla. Hai davvero fegato ad affrontare il cartello di Tijuana e il nostro Simmons, qui. Continua così, forte e coraggiosa.»

Layla sentì gli occhi bruciare. Un complimento del genere da un tipo come Jack Killigrew era raro, e lei lo apprezzò molto. «Prenditi cura di lui per me, okay?» gli chiese.

Jack annuì.

A quel punto indietreggiò. «Grazie.»

«Ti raggiungo tra un attimo» le disse Brian accarezzandole i capelli.

Layla si allontanò con sollievo: aveva bisogno di tempo per mettere un freno alle sue turbolente emozioni. Quando arrivò in camera, si lavò i denti e i capelli, e infilò la sottoveste che aveva comprato per dormire. Scivolò tra le lenzuola fresche, si voltò verso il muro e lo sguardo le cadde sulla pistola e sul badge di Brian sul comodino.

Lui arrivò pochi minuti dopo. Si dedicò alla sua ruotine serale in silenzio e senza accendere le luci, e quando si mise a letto scivolò verso di lei e si rannicchiò contro la sua schiena.

Layla assorbì il suo calore e respirò l'aroma di quella pelle che tanto amava.

Sentì il cazzo di Brian duro contro il suo sedere, e il corpo rigido per la tensione sessuale. Le labbra dell'uomo le sfiorarono le spalle, e la mano scivolò sul ventre infilandosi sotto l'orlo della sottoveste.

Layla rispose alla sua vicinanza con familiare alacrità: i capezzoli divennero duri e tesi, il seno si gonfiò, il sesso venne inondato dai suoi umori. Moriva dalla voglia di udire i gemiti violenti di Brian, di sentire i muscoli forti e agili flettersi contro la sua carne. Le braccia le facevano male dal bisogno di stringerlo.

«Layla,» mormorò lui annusandole la nuca «non escludermi.»

Layla sbirciò l'orologio che contava alla rovescia le ore che restavano loro da trascorrere insieme. «Ho bisogno che tu mi prometta una cosa.»

La mano callosa di Brian le afferrò un seno gonfio e lo strinse dolcemente. «Tutto ciò che vuoi.»

«Promettimi che non mi aspetterai. Promettimi che troverai qualcun'altra che ti ami e che si prenda cura di te.»

Brian si bloccò. «Rettifico: tutto tranne questo.»

Layla si voltò verso di lui e verso i suoi occhi che brillavano nella semioscurità. Le tendine in stile coloniale non erano del tutto chiuse e indirizzavano la luce della luna verso il soffitto, illuminando la stanza con un lieve bagliore argenteo. «Voglio che tu abbia ciò che ha Jack con Rachel. Una famiglia, persone che ti amino e che ti aspettino a casa. Te lo meriti. Ne hai bisogno. Non lasciare che io mandi a puttane la tua vita più di quanto non ho già fatto.»

«Non posso avere quello che ha Jack senza di te.»

Posandogli una mano sulla guancia, gli disse: «Perché sei ancora aggrappato a un sogno che è morto. L'ho ucciso io, ed è arrivato il momento che tu lo lasci andare. Devi lasciarmi andare.»

Le dita di Brian continuavano a contrarsi senza sosta sui muscoli della schiena di Layla. «Smettila.»

«Se solo ti avessi lasciato in pace quando Jacob aveva iniziato a portarti a casa,» la sua voce era roca dal rimorso «avrei dovuto...»

Brian premette la bocca sulla sua.

Sotto le lenzuola, afferrò la fascia degli slip e glieli strappò; poi le allargò bruscamente le gambe. Spostò il cavallo dei suoi boxer, se lo prese in mano e schiuse le pieghe di Layla con la grossa punta del cazzo, massaggiandole il clitoride.

«Cristo,» gemette lui «è da quando ci siamo svegliati che muoio dalla voglia di spingerti il cazzo dentro.»

Il sudore imperlò la pelle di Layla. Brian voleva ciò che solo con lei sembrava possibile: quella connessione, quell'effimera sensazione di essere una cosa sola e di non potersi separare.

Layla voltò la testa, ansimando. «Brian, maledizione. Mi stai distraendo di proposito.»

«Smettila di parlare e goditelo.» Le labbra di Brian scivolarono lungo il suo mento fino all'orecchio, dove la lingua ne tracciò il contorno. E il respiro affannato e brusco dell'uomo la eccitò con la passione di quel ritmo accelerato. Strofinò la punta del cazzo lungo la fessura stretta della sua fica, la penetrò appena, ringhiando alla sensazione di quella morsa fremente che accoglieva quella parte così sensibile di lui, poi la ritrasse e tornò a strofinarla sul clitoride gonfio. «Sei così bagnata, piccola. Così pronta.»

Un debole gemito le sfuggì mentre Brian continuava a stimolare le pieghe sature del suo sesso con la lunghezza del suo bellissimo cazzo.

«Promettimelo» ripeté lei con un gemito, afferrandolo per i fianchi.

«Ti sto scopando a pelle, Layla» mormorò Brian, stuzzicandole con la lingua la punta dura di un capezzolo attraverso la sottoveste «e mi hai detto specificatamente di venirti dentro. Non sei protetta, non è vero?»

Layla trattenne il respiro, tremante. «Questo non lo sai.»

L'uomo fece scivolare il cazzo verso il basso fino all'entrata del suo sesso e spinse dentro di lei la grossa punta. «La tua fica è stretta da morire, è passato parecchio tempo dall'ultima volta che hai scopato un uomo. Perché prendere la pillola se non fai sesso?»

Per un attimo rimase sorpresa di come le parole di Brian avessero rispecchiato perfettamente i suoi pensieri del giorno prima. «Non è l'unico motivo per cui le donne prendono la pillola, Bri.»

«Stai eludendo la domanda» le disse circondandole con le labbra la punta di un seno.

Si spinse ancora un po' in lei, e Layla fremette dal desiderio, il corpo in fiamme per quei tentativi di seduzione decisi e incessanti. La virilità e la potente sensualità di quell'uomo erano di per sé dei preliminari; essere in balia di quel bisogno intenso e dominante era un afrodisiaco al quale era impossibile resistere.

«Brian...» Layla inarcò i fianchi nel tentativo di accoglierlo completamente.

«Vuoi un bambino da me, Layla?» le sussurrò con voce profonda, muovendo i fianchi per scivolare più a fondo. «Speri di andartene portandoti dentro un pezzo di me?»

«Sei sempre stato dentro di me» sussurrò lei.

Abbassando i fianchi, si spinse in lei fino alla base con un sibilo di piacere. La testata del letto sbatté contro il muro. «Mi stai chiedendo di lasciarti andare, mentre cerchi di restare aggrappata a qualcosa di mio? A qualcuno che sia parte di me?»

Layla sollevò una gamba e l'avvolse attorno alle cosce di Brian, tenendolo fermo in quell'incredibile posizione in cui la riempiva con ogni centimetro di sé. «Sta' zitto, Brian. Sei tu quello che voleva scopare invece di parlare.»

Allungando una mano dietro la propria schiena, le afferrò un polso e le portò la mano di fianco alla testa bloccandola contro il materasso; poi fece lo stesso con l'altro braccio. La stava guardando con espressione intensa, gli occhi resi più scuri dal desiderio, la bocca sensuale tesa in una linea dura. Si ritrasse lentamente accarezzando con la punta del cazzo le sue pareti interne, poi si spinse di nuovo in lei con violenza, facendo sbattere la testata del letto contro il muro.

Layla si morse un labbro per soffocare un gemito. Nelle sue vene scorreva un desiderio incandescente.

«Dovrò scoparti piano» disse Brian a denti stretti. «Dannato letto.»

Layla si tese attorno a lui giusto per tormentarlo un po'.

«Strega.» Muovendo i fianchi, si strofinò contro il suo clitoride pulsante.

Sentendo l'orgasmo imminente, Layla seppellì la testa nel cuscino.

Brian le lasciò andare le mani e le spinse un altro cuscino sotto le spalle. «Guarda mentre ti scopo, Layla. Guarda cosa mi fai.»

Brian uscì, il cazzo eretto e bagnato dei suoi umori. «Lo vedi quanto mi ecciti? Ce l'ho di marmo per te. Non ne avrò mai abbastanza, non avrò mai abbastanza di te.»

Con i denti stretti, spinse di nuovo in lei l'asta lunga e venosa.

«È così bello» gemette Layla, desiderando prolungare il piacere quasi quanto venire. «È così bello averti dentro.»

«Bello come nient'altro» replicò lui con voce roca, catturandole di nuovo i polsi. «E lo sai anche tu. Siamo fatti l'uno per l'altra, piccola. Non c'è nessun altro là fuori per noi. Non puoi chiedermi di farmi una famiglia con qualcun altro. Non lo farò.»

Si ritrasse fino alla punta, poi si seppellì in lei con un colpo lento e profondo; e il suo ringhio violento risuonò per tutta la stanza.

«Ti amo» sussurrò Layla. Si sentiva preda di una nostalgia disperata. «Ti amo così tanto.»

Le labbra dell'uomo scesero su quelle di Layla, e Brian le catturò la bocca con la sua. I fianchi continuarono ad alzarsi e abbassarsi penetrandola con colpi intensi e misurati. Contraendo e rilasciando le mani bloccate contro il materasso, Layla gli divorò la bocca succhiandogli la lingua come avrebbe voluto fare con il cazzo. Erano entrambi madidi di sudore, i loro corpi si flettevano, s'inarcavano e si avvinghiavano, mentre i fianchi continuavano a incontrarsi con colpi ritmici e sensuali. Con ogni affondo, i pesanti testicoli di Brian sbattevano forte contro il sedere di Layla. Respirare sembrava impossibile, e il piacere era insopportabile.

Quel ritmo controllato era al contempo esasperante e delizioso. Si contorsero l'uno contro l'altra, spinti dal bisogno di aumentarne la forza e l'intensità e allontanare così la terribile realtà della loro inevitabile separazione.

Quando Brian si ritrasse di colpo, Layla gemette in segno di protesta, sentendo il grembo contrarsi dal desiderio.

«Al diavolo questo cazzo di letto» ringhiò. La tirò su,

la portò verso la parete di fianco al bagno e la spinse contro il muro penetrandola con un colpo disperato.

Layla rimase senza respiro, eccitata come mai prima di allora dalla ferocia di Brian. Sapeva bene che quella ferocia era dovuta al bisogno d'ignorare il tempo che stava passando in fretta.

«Sì,» sibilò lui sentendo la fica di Layla contrarsi avidamente «tieniti a me, piccola.»

Afferrandola forte per i fianchi, la spinse furiosamente su e giù lungo la sua asta pulsante.

Layla gemette e gli graffiò la schiena. «Più forte. Fino in fondo. *Sì*. Oh, dio... vengo.»

La scopò attraverso il suo orgasmo, prolungandolo, facendolo durare più che poté, osservandola tremare per la forza delle sensazioni che la stavano travolgendo. «Così. Dammelo, Layla.»

Alla fine l'atroce tensione l'abbandonò, e Layla si accasciò. Ma Brian continuò a scoparla, spingendosi contro di lei e facendosi largo attraverso la morsa della sua fica bagnata e gonfia.

Quando il piacere tornò a crescere, Layla gemette. «Brian.»

«Un'altra volta» disse lui con voce graffiata, serrando i denti per lo sforzo di trattenersi.

La fece venire di nuovo strofinando la pelvi contro il suo clitoride. Layla si dimenò e gridò forte, e lui imprecò, esplodendo dentro di lei in grossi fiotti di seme bollente.

Il ginocchio di Brian colpì il muro con un colpo sordo, e il corpo grosso e muscoloso si accasciò su di lei come in cerca di supporto. Con le labbra contro la gola di Layla, gemette in preda a un orgasmo lacerante, stringendola forte mentre lei continuava a tremare tra le sue braccia.

«Ti amo» sussurrò Brian sfiorandole la guancia con la fronte madida di sudore. «E la tua fighetta dorata – come l'hai chiamata tu – finirà per uccidermi. Prima o poi mi succhierà via la vita. Ma, dio... che bel modo per andarsene.»

Layla scoppiò a ridere a quell'umorismo inaspettato e gradito. Lo sentì sorridere contro la sua pelle – un momento tanto intimo quanto l'orgasmo che avevano appena condiviso – poi assieme incespicarono verso il letto. E rimase dentro di lei anche quando crollarono esausti sul materasso.

Layla gli passò una mano tra i capelli sudati e lo tenne stretto. «Voglio che tu sia felice. Lo voglio più di ogni altra cosa al mondo.»

«Lo so.» Lui la strinse a sé.

«Non voglio che tu stia male.»

«Allora smettila di parlarne, Layla.»

«Tipico di voi uomini» borbottò «ignorare la situazione sperando che scompaia.»

Brian le mordicchiò il punto sensibile tra il collo e la spalla. «Non prometterò di dimenticarti, né di andare avanti senza di te. Smettila.»

«Promettimi che non lascerai che il mio ricordo ti impedisca di avere una vita felice» gli disse allora massaggiandogli la cute con le dita. «Non riesco a sopportare l'idea che tu rimanga ad aspettare di rivederci, forse, tra dieci anni o giù di lì.»

Brian sollevò la testa e la guardò. «E se mai c'incontreremo, tu sarai andata avanti? Sarai sposata e felice?»

Il solo pensiero le provocò un dolore fisico al petto, di cui Brian non tardò ad accorgersi. «Lo immaginavo. Resto della mia idea.»

«Brian...»
«Dormi.»
Layla si chiese come ci sarebbe riuscita, con il corpo muscoloso di Brian sopra e il suo sesso ancora dentro. Ma non si sarebbe lamentata. Voleva quella sensazione impressa sulla pelle, un vivido ricordo al quale si sarebbe aggrappata negli anni a venire.

10

Brian stava osservando fuori dalla finestra della cucina il cielo che precedeva l'alba quando Jack entrò nella stanza. Si era alzato presto per fare il caffè poco prima che Brian lasciasse la stanza degli ospiti. Questa volta, Jack era vestito. Come Brian, indossava la fondina a spalla e il distintivo attaccato alla cintura.

Brian gettò via il resto del suo caffè ormai freddo e si avvicinò alla caffettiera per un'altra tazza. Sebbene avesse dormito pochissimo, era su di giri e concentratissimo. Era un giorno importante. Il più importante della sua vita.

Appoggiando la schiena al ripiano della cucina, incrociò i piedi e osservò Jack. Non erano ancora le tre del mattino e l'uomo aveva già gli stivali ai piedi. «Perché sei vestito?»

«Vengo con voi, ovviamente.»

«Col cazzo.»

Jack sorrise. «Sei un raggio di sole al mattino, Simmons.»

«Rachel ha bisogno di te.»

«E infatti sono qui.»

«È un azzardo. Il mio azzardo. Resta qui.»

«Niente da fare.» Gli occhi scuri di Jack apparivano decisi, le spalle dritte. «La tua signora ha un appuntamento molto importante domani, e tu hai bisogno di più occhi.»

«Cazzo.» Brian non poté negarlo: aveva bisogno di aiuto per proteggere Layla nel modo migliore. L'unica cosa che poteva fare era pregarlo personalmente di mettere al primo posto sé stesso, ma la testimonianza di Layla aveva la meglio anche su quello. «Questi tipi non scherzano, Jack.»

«Rachel accetta il rischio. Hai chiamato Jim?»

«Ci ho provato la scorsa notte. Ho lasciato un messaggio. Non c'era niente nella registrazione della segreteria che indicasse qualche problema. Se avessi dovuto guardarmi le spalle, ci avrebbe infilato qualche avvertimento che avrei riconosciuto.»

«Okay. Tu e Layla prenderete il mio SUV, e io vi seguirò con il Bronco.»

Brian si passò una mano tra i capelli ancora umidi dalla doccia. «Per la cronaca, mi oppongo fortemente a un tuo coinvolgimento, Killigrew.»

«Ti passerà.»

Quando si fermarono a Flagstaff per colazione, Brian si concesse un paio di minuti per lasciare un messaggio in segreteria al viceprocuratore. Poi passò a un nuovo cellulare usa e getta e chiamò Doug Preston, un agente di sorveglianza del distretto meridionale della California. Confidando nuovamente nella casella vocale, gli spiegò la situazione in tono composto. Iniziò con il raccontargli dell'esplosione e finì con il suo imminente arrivo a San

Diego. Tranne l'ultima, si aspettava che quelle informazioni fossero cose che Doug già sapeva, ma Brian voleva che la propria versione dell'accaduto venisse registrata nel caso in cui qualcosa gli impedisse di fornirla successivamente. Più si avvicinavano a San Diego, più pericolosa sarebbe diventata la situazione. Doveva essere sicuro di proteggere Layla con la verità, anche se non avrebbe potuto farlo in carne e ossa.

Jack si avvicinò con una soda in mano. «Sei sicuro di volerlo fare?»

Resosi conto che l'uomo aveva ascoltato la chiamata, Brian gli lanciò uno sguardo asciutto e staccò la batteria dal cellulare. «Tu non lo faresti se fossi al mio posto?»

«Lo farei, sì. Ma sono tuo amico, e devo chiedertelo.»

Brian annuì, ma si trattenne dal proseguire quando vide Layla uscire dal bagno. Le rivolse un veloce sorriso che la donna ricambiò. Tuttavia si conoscevano troppo bene per nascondersi qualcosa. Layla sapeva che Brian stava soffrendo – era preoccupato per lei, per la sua sicurezza, per quanto l'amava – ed era certa che i suoi occhi comunicassero altrettanto.

«Sei pronta?» le chiese quando lei lo prese per mano.

«No.»

Stringendola a sé, le fece scudo con il proprio corpo fino al SUV.

«Giustizia penale, hai detto. Ti piace?»

Mentre attraversavano il confine tra Arizona e California, Layla si voltò verso Brian. Stava cercando di distrarla e lei lo stava assecondando più che poteva, considerando che aveva lo stomaco chiuso e il cuore in gola. «Sì.»

«Sembri sorpresa.»

«È stato un po' inaspettato» confessò Layla. «Sapevo che non l'avrei odiata, ma non mi ero resa contro che l'avrei amata.»

L'uomo si voltò verso di lei e le sorrise in quel modo che adorava, in parte malizioso, e in parte tenero.

Layla guardò fuori dal finestrino verso il panorama deserto attorno a loro. «Dio, mi è mancata la California.»

«Ci sei nata; ti mancherà sempre.»

«E tu? Sei sull'East Coast adesso?»

«Per il momento. Mi sono spostato, ho accettato varie trasferte quando ho potuto.»

«Ti piace?» gli chiese lei, restituendogli la sua domanda. Il pensiero che Brian stesse conducendo una vita nomade la riempiva di tristezza. «Passare da un posto a un altro?»

Brian sollevò una spalla come rassegnato. «Trasferirmi di continuo mi tiene impegnato.»

«Cosa ne hai fatto della tua casa?»

«L'ho venduta.»

«Amavi quel posto.» E l'amava anche lei. Era con lui quando aveva comprato la vecchia casa a Anaheim. Quando Brian aveva finito di ristrutturarla, ciò che ne era venuto fuori aveva superato ogni immaginazione: aveva rimosso la moquette e montato un parquet di legno scuro; tappeti e pareti chiare, in contrasto con i mobili perlopiù neri, avevano trasformato la casa anni Cinquanta in un'abitazione moderna e maschile. Lei gli aveva regalato un vaso arcobaleno in vetro soffiato che donasse un tocco di colore, e lui l'aveva piazzato in un punto di particolare rilievo, installando anche delle luci che lo illuminassero.

«Amavo l'idea di una casa,» la corresse lui «l'idea di condividerla con te, e di guardarti cambiarla come stavi cambiando me. Una volta entrata nel Programma protezione testimoni, capii che non saresti mai più tornata in California, e la casa perse ogni fascino.»

«Brian,» Layla ispirò tremante «mi stai uccidendo.»

Lui allungò una mano e intrecciò le dita con le sue. «Non più di quanto abbia ucciso me sapere che avevi cambiato indirizzo di studi.»

«Abbiamo vissuto entrambi per un futuro che non abbiamo nessuna possibilità di avere? Abbiamo fatto ammenda per i nostri errori, anche se non sapevamo cosa stava facendo l'altro?»

Brian si portò la mano di Layla alla bocca e le baciò le nocche. «Per cos'altro avremmo dovuto vivere?»

Le spezzò il cuore rendersi conto che aveva ragione. Da qualche parte, nel profondo della sua mente e del suo cuore, aveva scelto di vivere giorno per giorno in attesa dell'impossibile momento in cui avrebbe rivisto Brian. Non era stata in grado di immaginare un mondo in cui avrebbero respirato la stessa aria pur restando separati per sempre.

La mano di Layla si strinse sulla sua. «Ti amo, Brian.»

Per quanto spesso l'avesse ripetuto, le sembrava di non dirlo mai abbastanza. La dolorosa realtà era che, quando se n'era andata, aveva scelto di smettere di lottare per lui. E se Brian avesse portato con sé qualcosa di quegli ultimi giorni trascorsi con lei, avrebbe voluto che fosse la consapevolezza di essere amato.

«Lo so» mormorò con espressione triste. «Ti amo anch'io, piccola.»

Si fermarono per l'ultima volta a un distributore di benzina sull'I-8 per cambiare veicolo. Layla si strinse la giacca di flanella di Brian al petto per nascondere il giubbotto antiproiettile e osservò Jack mettersi al volante di fianco a lei. All'interno del negozietto aveva fatto a cambio di abiti con Brian; tutto tranne le scarpe.

L'uomo sospirò e si accomodò sul sedile. Quando incrociò il suo sguardo, le sorrise imbarazzato. «Questo sedile è decisamente più comodo di quello del Bronco.»

Lui e Brian avevano guidato per quasi undici ore. San Diego era a pochi chilometri di distanza.

Layla aveva paura. Brian l'aveva lasciata con Jack, e aveva il cuore in gola al pensiero che avrebbe potuto non rivederlo mai più. Non appena l'avesse consegnata al procuratore federale, avrebbe dovuto affrontare le conseguenze di quella fuga con lei. Avrebbero potuto tenerlo al palo per settimane con interrogatori e udienze, e nel frattempo lei sarebbe stata riassorbita nel sistema.

Jack avviò l'auto. Brian si stava già immettendo nel traffico a bordo del Bronco.

«Che succede?» gli chiese Layla, consapevole che qualcosa doveva essere accaduto se si erano scambiati di posto.

Jack si guardò dietro le spalle in cerca di possibili ostacoli, poi fece retromarcia e uscì dal posteggio. «Non riusciamo a rintracciare il proprietario del Bronco. Non risponde al telefono di casa e il cellulare va dritto alla casella vocale.»

«Questo che significa?»

«Potrebbe non essere niente, ma non possiamo correre rischi. Se il Bronco è stato compromesso, non vogliamo che tu ci stia sopra.»

Sopra c'era Brian. «Perché non lo lasciamo semplicemente in un parcheggio?»

Jack la guardò. «Se è stato compromesso, tenerlo in strada sposterà l'attenzione da questo veicolo.»

«Oh, mio dio.» Sentì il sangue defluirle dal viso, frammenti di ricordi dell'esplosione in Maryland la fecero trasalire sul sedile. «Sta facendo da esca?»

«Ehi,» le disse piano Jack «non lanceranno granate nel cuore di San Diego. A così poca distanza dal processo hanno bisogno di assicurarsi che tu muoia. Vorranno arrivare a te, di persona, ed è in queste circostanze che Brian dà il meglio di sé.»

«E questo dovrebbe farmi sentire meglio?» Layla si portò una mano alla gola e cercò di alleviare la tensione.

«Brian deve fare il suo lavoro, Layla.»

«Attirando su di sé i killer?» Deglutendo a fatica, guardò fuori dal finestrino. Aveva una nausea fortissima, e si chiese se Rachel avesse provato la stessa cosa quando Jack aveva lasciato il loro letto quella stessa mattina.

«Per ciò che vale,» mormorò lui «credo che ogni cosa accada per un motivo. Le possibilità che le vostre strade s'incrociassero di nuovo in questo modo erano davvero poche. È stata una combinazione di eventi ad avervi riportato insieme: l'importanza del processo Sandoval ha fatto in modo che venissero coinvolte le forze speciali, e Brian si è trovato nel posto giusto al momento giusto. Ti ha salvato la vita, e ha salvato anche la sua, ed è riuscito a farti attraversare il Paese senza problemi. Non posso credere che siate arrivati così lontano per niente. Abbi un po' di fede nel destino, o in qualunque potere superiore, se ci credi.»

Layla scosse la testa. «Tu non hai idea di cosa voglia dire essere sempre quella abbandonata; quella lasciata a mangiarsi le mani, a strapparsi i capelli e a vomitare per lo stress e per il terrore.»

«Cosa pensi abbia provato Brian quando sei entrata nel Programma protezione testimoni? Eri tu quella che rischiava, quella in pericolo, e lui quello bloccato a casa a fare i conti con la paura. Cercava di mantenere il controllo quand'era con noi, ma non sempre ci riusciva. Non gliel'ho mai detto, ma per un po' sono stato molto preoccupato per lui.»

Dio. E ora stava per fargli di nuovo una cosa del genere. Forse era per questo che si stava comportando in modo così sconsiderato, forse si stava lanciando a capofitto nel pericolo perché anche lui era nel suo stesso stato: fuori di sé dal dolore e dalla preoccupazione.

Layla si sedette composta e raddrizzò le spalle. Doveva raggiungere un luogo sicuro in modo che Brian potesse concentrarsi su tutta la merda che stava per piovere sulla sua carriera. Di sicuro non era abbastanza, ma non c'era altro che potesse fare. «Portami dal procuratore federale, Jack. E facciamola finita.»

«L'idea è questa.»

Brian stava imboccando l'entrata di un motel sulla Pacific Coast Highway di San Diego quando il cellulare di Jack squillò. Brian lo recuperò e rispose, ma il suo saluto venne interrotto dall'impazienza del supervisore regionale all'altro capo del filo.

«Ehi, Killigrew, ho l'informazione che mi hai chiesto.»

Brian parcheggiò e tenne gli occhi sullo specchietto retrovisore. «Chi è, signore?»

«James Reynolds. È lui l'agente che chiamò quel pomeriggio per darsi malato. È stato già interrogato e rilasciato, ma adesso non si sa dove sia. Credi sia in combutta con Simmons?»

Jim. Cazzo. «Sono sicuro che non sia così.»
Ci fu un momento di silenzio. «Chi è che parla?»
«Killigrew scorterà Layla Creed nell'ufficio del procuratore.» Brian sospirò e dentro di sé disse addio alla propria carriera. «Grazie per l'aiuto, signore.»
Brian riagganciò e scese dall'auto, fermandosi dietro la portiera aperta per scrutare l'ambiente circostante. La fine della strada era di fronte a lui, ma di colpo non se la sentì di proseguire. Jim era stato suo amico per molto tempo, e Brian gli aveva affidato la sua vita più di una volta. Senza dubbio li aveva seguiti utilizzando il GPS del Bronco. Eppure aveva permesso loro di arrivare fin lì.
Perché? Brian aveva intenzione di chiederglielo di persona.

Grazie a dio indossava i guanti. Se non fosse stato per quelli, Jim Reynolds dubitava che sarebbe riuscito a tenere in mano la torcia. Respirando a fatica, pulì via il sangue dal bordo della torcia con un fazzoletto e la lasciò cadere sul cadavere disteso a pancia in sotto sul pavimento dietro il banco della reception. Disabilitò la telecamera di sicurezza vecchia e mal piazzata che controllava la piccola lobby e cancellò le registrazioni delle ultime ventiquattr'ore. Ci volle un istante per trovare un passepartout. Poi, prima di andarsene, mise sul bancone il cartellino TORNO SUBITO.
«Hai una fortuna del cazzo, Reynolds» mormorò rivolto a sé stesso mentre usciva dalla reception nella penombra della notte illuminata dalla luna. In fondo alla strada osservò il Ford Bronco parcheggiato di fronte a una tavola calda aperta ventiquattr'ore. Conosceva bene Brian, e conosceva la sua routine: tra la dozzina di mo-

tel lungo la strada, l'aveva trovato al primo tentativo. Gli era bastato mostrare il distintivo e una foto di Simmons all'impiegato della reception per confermare il suo sospetto.

A ben vedere, le cose erano andate per il verso giusto fin dall'inizio, da quando Simmons l'aveva chiamato tre giorni prima. Sarebbe stato più semplice se il cartello avesse ucciso la ragazza in Maryland, ma dato che era andato tutto a puttane, la comparsa di Brian aveva giocato in favore di Jim. L'ex marine era l'unico ad avere un interesse personale nei confronti di Layla Creed. Chiunque altro l'avrebbe riaffidata al sistema, e Jim avrebbe dovuto farsi in quattro per trovarla. Simmons era il solo che avrebbe rischiato di trascorrere con lei l'ultima notte in un motel invece di portarla direttamente dal procuratore perché la preparasse alla testimonianza del giorno successivo. E questo perché stava ragionando con l'uccello. Il che avrebbe permesso a Jim di fare fuori sia la ragazza che Simmons, inscenando un omicidio-suicidio con i fiocchi.

Tirò fuori un blister di antiacidi dalla tasca e ne ingoiò tre per cercare di placare il bruciore allo stomaco provocato dalle sue ulcere. Non si riconosceva più. Odiava l'uomo che era diventato. Ma per quanto detestasse ciò che stava per fare, sarebbe stato un sollievo mettervi fine.

Fermandosi fuori dalla porta di Simmons, Jim notò che era buia e silenziosa. Strinse in una mano il passepartout e afferrò il Taser con l'altra. Avrebbe dovuto fare in fretta. Una volta aperta la porta, se Jim avesse mancato il bersaglio, Simmons avrebbe reagito in un attimo.

Infilò il passepartout nella serratura, aprì di colpo la porta puntando il Taser verso il letto, e fece fuoco. Un flash illuminò la stanza quando la corrente elettrica entrò in azione. Poi udì il *clic* di una pistola dietro di sé.

Si bloccò.

«Perché, Jim?»

Reynolds chiuse gli occhi al suono della voce pacata di Brian alle sue spalle. Aveva perso la lucidità molto tempo prima, ed essere beccato in quel modo non faceva che confermarlo. «Quando l'hai capito?»

«Un paio d'ore fa, e ancora non riesco a crederci.»

Jim si voltò. Un'occhiata veloce attorno a sé gli confermò l'arrivo di numerosi agenti dal secondo piano e altri ancora da destra e sinistra del parcheggio.

«Perché?»

«Stella.»

«Cosa c'entra tua figlia con tutto questo?»

«Il cartello è molto più determinato di quanto credessimo.» Jim lasciò ricadere le braccia lungo i fianchi. «L'anno scorso, durante il primo anno di college, Stella ha incontrato un ragazzo. Un giovane istruito e di bell'aspetto. L'ha portato a casa per Natale, e a me è piaciuto. La tratta benissimo, la rende felice.»

Era difficile decifrare l'espressione di Brian nella semioscurità. «Fa parte del cartello.»

«Già. Me l'ha rivelato un paio di settimane fa. Avevano pianificato la cosa da dio solo sa quanto tempo. Pensa a quanto impegno c'è voluto: la pazienza per organizzare tutto; per trovare me e la mia famiglia; per individuare il ragazzo giusto da mandare; per sistemarlo a scuola e dargli il tempo di far sì che Stella s'innamorasse perdutamente di lui in modo da essere certi che non l'avrebbe mai creduto capace di fare qualcosa di sbagliato. Ho provato a parlarle, ma non serve a niente. Crede di conoscerlo, ed è sempre insieme a lui. E invece lui potrebbe ucciderla in qualunque momento, come non perde occasione di ricordarmi. Non oso immaginare quanti agenti abbiamo passato al vaglio, ma sono certo che abbiano provato a mettere le mani su ogni collega che tu abbia mai considerato un amico. Hanno gettato la loro rete anni fa, e con ogni probabilità non c'è voluto molto per collegare te a Layla Creed.»

«Avresti dovuto fare rapporto e chiedere aiuto.»

«Non potevo rischiare.» Jim sentì lo stomaco bruciare con una nuova ondata di bile. «Perlomeno, riconoscimi il fatto che avrei potuto farvi fuori entrambi quando sei venuto per il mio SUV, ma ho pensato che avrei dovuto concedervi un po' di tempo insieme prima che fosse tutto finito. Inoltre ho pensato davvero che fosse un atto di misericordia uccidervi insieme: sempre meglio che perderla di nuovo sapendo che quei bastardi le stanno dando la caccia.»

«Cristo, Jim.»

«Ti prenderai cura di Stella per me? Forse ora si renderà conto che l'uomo con cui dorme sta solo aspettando il segnale per ucciderla.»

«Avresti potuto scegliere una strada diversa. Avresti potuto parlare con me, lasciare che ti aiutassi.» Simmons si massaggiò stancamente la nuca.

Poi voltò le spalle a Jim e ai colleghi che li avevano raggiunti.

11

Uscendo dall'aula di tribunale, Layla fu assalita da un'enorme stanchezza. Era quasi come se l'avessero drogata. Sentiva le spalle e le palpebre pesanti, e i suoi movimenti erano così rallentati che l'agente al suo fianco la guardò con aria preoccupata.

Non vedeva Brian da ventiquattr'ore.

Il dolore che provava era stato quasi una benedizione. Aveva attenuato la sua ansia e le aveva permesso di sopravvivere all'interrogatorio del procuratore federale. Il giorno seguente ci sarebbero state altre domande, seguite dal controinterrogatorio. Aveva temuto per mesi di comparire in aula, ma ora era troppo logorata dalla paura e dalla preoccupazione per sprecare energia cedendo al nervosismo.

«Hai fatto un buon lavoro oggi, Layla» le disse il procuratore Terri LeBow con un sorriso rassicurante.

Per un istante l'immagine degli occhi freddi e scuri dell'uomo che aveva sparato a lei e all'agente Sandoval le tornò alla mente. Quando aveva raccontato alla giuria gli eventi di quell'orribile notte in Messico, l'idea che il suo incubo fosse seduto a pochi metri di distanza da lei l'aveva fatta sudare freddo. Se non fosse stato per l'intorpidimento legato alla lontananza di Brian, sarebbe potuta crollare e scoppiare a piangere come una bimba terrorizzata.

«Voglio che quel bastardo paghi» disse con pacata risolutezza.

«Abbiamo messo su un ottimo caso. Solido.» Il procuratore rallentò e si fermò di fronte a una porta chiusa, facendole cenno di entrare. «Vieni, dobbiamo parlare della scorta.»

Con un sospiro, Layla entrò nella stanza e si bloccò. Due uomini erano chini su alcune carte aperte sul tavolo, e un terzo era in piedi dietro di loro.

Per un momento esitò, pensando di aver interrotto qualcosa. Poi l'uomo più distante da lei si raddrizzò e la guardò.

«Brian!»

Lui le venne incontro a metà strada e la strinse forte. «Tesoro. Mi dispiace di non essere stato in aula oggi; avevo alcune cose di cui occuparmi. Domani ci sarò.»

«Non importa. Ero preoccupata per te.» Layla si tirò indietro per osservarlo attentamente. «Stai bene?»

«Tra qualche minuto.» Il sorriso che le rivolse sembrava teso. Sembrava stanco, ma c'era come un'aria di attesa nell'energia che emanava.

Gli altri uomini se ne andarono, e i loro sorrisi alleviarono in parte la sua preoccupazione. Nonostante ciò, gli chiese: «Che c'è che non va?»

«Niente.» Brian la guardò con espressione ardente. «A seconda di ciò che dirai, le cose potrebbero andare maledettamente bene.»

Una strana sensazione le solleticò lo stomaco. «Cioè?»
Brian l'accompagnò verso una sedia e lei si sedette. Poi ispirò a fondo e s'inginocchiò di fronte a lei.
«Oh, mio dio» sussurrò lei, sentendosi mancare.
L'uomo infilò la mano nella tasca della giacca e tirò fuori una scatolina.
Il cuore di Layla prese a martellarle nel petto. «Cosa stai facendo?»
«Mi sto preparando a dirti che ti amo,» le disse dolcemente «e a chiederti di sposarmi.»
Lo sguardo le cadde sull'anello che le mostrò, un grosso diamante rotondo su una montatura di platino antico. Layla si coprì la bocca con le mani.
«Layla Creed. Io ti amo, e vorrei davvero che tu mi sposassi.»
Layla lo guardò da sopra le dita, con il respiro affannato e gli occhi sbarrati. «Cosa...? Come...?»
Con un sorriso, Brian le spiegò: «Ho firmato il contratto per entrare nel Programma protezione testimoni. I due gentiluomini che hanno appena lasciato la stanza lavorano per la contea. Uno può procurarci la licenza di matrimonio e l'altro può sposarci in una cerimonia civile. Tra circa un'ora potrei essere tuo per sempre.»
«Non è già così?» gli chiese Layla con voce roca, scherzandoci su. La sua mente era come incapace di afferrare a pieno l'enormità di ciò che Brian le stava offrendo.
«Rendiamolo ufficiale. Possiamo organizzare una cerimonia vera e propria tra qualche mese, quando ci saremo sistemati, ovunque andremo a finire.»
Layla espirò tutto d'un fiato, e la sua mano si posò esitante sull'incredibile anello. «Il tuo lavoro...?»
Brian sfilò l'anello dalla scatolina di velluto e glielo fece

scivolare al dito. «Ho da parte i soldi della vendita della casa e quello che ho messo insieme negli ultimi cinque anni, in cui non ho fatto altro che lavorare. Finirai l'università, poi metteremo su la nostra società di security privata. Non riesco a immaginare niente che possa rendermi più felice.»

Con il labbro inferiore che le tremava, Layla gli posò una mano sulla guancia.

«Allora?» la sollecitò Brian. «Sto morendo, qui...»

«*Sssh.*»

Brian sollevò le sopracciglia.

«Se provi a svegliarmi,» lo avvertì «giuro che ti prendo a calci in culo.»

La risata di Brian sciolse all'istante il gelo che aveva avvertito dentro per tutto il giorno. «Niente più sogni, piccola. Voglio che sia reale.»

«Quante erano le probabilità che avessimo una seconda chance?»

«Più o meno nessuna. Non mandarla all'aria.»

Layla si chinò in avanti e premette la fronte contro quella di Brian. «Non lo farò.»

«È un sì?»

«È un 'al diavolo, sì!'.»

Brian si alzò in piedi e la sollevò tra le braccia.

«Non sarà facile» lo avvertì lei, ricordando quanto erano stati duri i primi tempi nel programma di protezione.

«Correrò il rischio.»

Avvolgendogli le braccia attorno alle spalle, Layla s'impadronì di ciò che aveva sempre voluto. «Corriamolo insieme» sussurrò.

«Finché morte non ci separi» le promise lui, portandola verso la porta.

Ringraziamenti

La mia gratitudine va a Cynthia D'Alba, che ha recensito questo mio lavoro nel bel mezzo dei festeggiamenti per la sua prima vendita. Questa sì che si chiama amicizia!

Il romance nel catalogo One

One Love

On Fire di Sylvia Day
Attrazione profonda di Maya Banks
On Desire di Sylvia Day
Luci d'inverno di Nora Roberts
Beautiful Bitch di Christina Lauren

Il catalogo Leggereditore

Il bacio di mezzanotte di Lara Adrian
Dark Love di Kresley Cole
Le avventure di una Kitty Addicted di Eliselle
Lasciami volare di Alyson Noël
L'amore ritrovato di Nora Roberts
Il bacio cremisi di Lara Adrian
La principessa di Beverly Hills di Jackie Collins
Oltre le apparenze di Kathryn Fox
Dark Pleasure di Kresley Cole
Orgoglio e perdono di Susan Donovan
La dodicesima vittima di Iris Johansen
Il bacio perduto di Lara Adrian
Il peso del silenzio di Heather Gudenkauf
La sposa in bianco di Nora Roberts
Muori per me di Karen Rose
Magia nel vento e *Oceani di fuoco* di Christine Feehan
Blood Dreams di Kay Hooper
La finestra sul bosco di Karen Robards
Ménage proibito di Lora Leigh
Il bacio del risveglio di Lara Adrian
Dark Passion di Kresley Cole
I love you, goodbye di Cynthia Rogerson
Legami pericolosi di Kate Brady
Letto di rose di Nora Roberts
La ragazza del libro dei fuochi di Jane Borodale
Intime promesse di Sherry Thomas
Il buongiorno del mattino di Diana Peterfreund
Passione contro il tempo di Suzanne Brockmann
Brivido eterno di Larissa Ione
Oogy di Larry Levin
Il profumo dell'oscurità di Emma Holly

Un'ombra dal passato di Nora Roberts
Lezioni di seduzione di Emma Wildes
Highlander: amori nel tempo di Karen Marie Moning
Passione Vintage di Isabel Wolff
Il bacio svelato di Lara Adrian
La confessione di Julie Garwood
Una scommessa per amore di Jennifer Crusie
Dark Night di Kresley Cole
L'anello di ferro di Ornella Albanese
Un cuore nelle tenebre di Roberta Ciuffi
Le streghe di East End di Melissa de la Cruz
Tentazioni deliziose di Sherry Thomas
La regina dei diamanti di Linda Howard
La concubina russa di Kate Furnivall
Desiderio eterno di Larissa Ione
Il bacio del demone di Eve Silver
Grida per me di Karen Rose
La cacciatrice di anime di Darinda Jones
Il bacio eterno di Lara Adrian
Il sapore della felicità di Nora Roberts
Corinna. La regina dei mari di Kathleen McGregor
La meraviglia delle piccole cose di Dawn French
L'ultima volta che ho visto Parigi di Lynn Sheene
Torna da me di Karen Marie Moning
Melodia al crepuscolo di Christine Feehan
Il richiamo dell'oscurità di Emma Holly
Dark Forever di Kresley Cole
Innamorarsi a Manhattan di Kate Parker
Proposta indecente di Emma Wildes
Venti d'amore e di guerra di Paola Picasso
Dark Desire di Kresley Cole
Il fuoco della tentazione di Lora Leigh
Il segreto del libro proibito di Karen Marie Moning
Il bacio oscuro di Lara Adrian
Passione eterna di Larissa Ione
Dark Dream di Kresley Cole
Il gioco della seduzione di Suzan Elizabeth Phillips
Un amore per sempre di Nora Roberts
Le ombre del demone di Eve Silver
Il mistero del talismano perduto di Karen Marie Moning
Istinto animale di Lora Leigh
Amanti pericolosi di Lisa Marie Rice
Una donna indimenticabile di J.R. Ward
Temptation di Jennifer Crusie
La cacciatrice di anime. Il fascino del male di Darynda Jones
Uccidi per me di Karen Rose
La notte degli Angeli caduti di Heather Killough-Walden
Il bacio di fuoco di Lara Adrian

La pittrice di anime di Isabel Wolff
L'inganno dell'oscurità di Emma Holly
Roma 40 d.C. Destino d'amore di Adele Vieri Castellano
Highlander. L'ultimo dei Templari di Karen Marie Moning
Estasi eterna di Larissa Ione
I ricordi della casa sul lago di Rosie Thomas
Segreto inconfessabile di Shayla Black
Dark Whisper di Kresley Cole e Gena Showalter
La musica delle parole di Emily St. John Mandel
Un segno nelle tenebre di Roberta Ciuffi
La sposa spagnola di Kathleen McGregor
La maledizione della luna nera di Karen Marie Moning
Heaven, Texas, un posto nel tuo cuore di Susan Elizabeth Phillips
Il giardino dei nuovi inizi di Nora Roberts
La notte del vento e delle rose di Anna Bulgaris
Ladra di cioccolato di Laura Florand
Il bacio immortale di Lara Adrian
Peccato eterno di Larissa Ione
Danzando sui vetri rotti di Ka Hancock
Il patto di Julie Garwood
Il signore della vendetta di Lara Adrian
L'oscuro mosaico di Ornella Albanese
Il messaggero dell'angelo di Heather Killough-Walden
Il bacio dell'Highlander di Karen Marie Moning
Il bacio rubato di Lara Adrian
Segreti pericolosi di Lisa Marie Rice
Dark Prince di Kresley Cole
Piacere malizioso di Lora Leigh
Il bacio ribelle di Lara Adrian
Colpevole di amare di J.R. Ward
Il profumo dell'amore ritrovato di Eliselle
Roma 42 d.C. Cuore nemico di Adele Vieri Castellano
Dark Demon di Kresley Cole
Alla ricerca dell'ultima verità di Karen Marie Moning
E se fosse lui quello giusto? di Susan Elizabeth Phillips
Desiderio inconfessabile di Shayla Black
Un oscuro risveglio di Gena Showalter
Pazza di te di Jennifer Crusie
Easy di Tammara Webber
La signora della tentazione di Lara Adrian
Dimmi che ti dispiace di Dawn French
Poison Princess di Kresley Cole
La casa dei grandi incontri di Nora Roberts
A fior di pelle di Lauren Dane
L'angelo della morte di Heather Killough-Walden
Cuore pirata di Kathleen McGregor
La magia del cioccolato di Laura Florand
Un cuore d'oro di J.R. Ward

La fiamma della passione di Jessica Andersen
Sottomessa di Lora Leigh
Tuo per sempre di Lisa Kleypas
Amore eterno di Larissa Ione
Il bacio rivale di Lara Adrian
Roma 39 d.C. Marco Quinto Rufo di Adele Vieri Castellano
Dark Warrior di Kresley Cole
Una dolce scoperta di Nora Roberts
La rivelazione dell'antica carta di Karen Marie Moning
Il bacio della strega di Melissa de la Cruz
Un solo piacere di Lora Leigh
Un piccolo sogno di Susan Elizabeth Phillips
Segreti di una notte d'estate di Lisa Kleypas
Accadde in autunno di Lisa Kleypas
Un amore su misura di Sugar Jamison
Una passione pericolosa di Lisa Marie Rice
Un dono prezioso di Nora Roberts
Estasi infinita di Maya Banks
Appuntamento con l'amore di Jules Stanbridge
Il gioco dell'inganno di Adele Vieri Castellano
Le coincidenze dell'amore di Colleen Hoover
Il mistero del lago di Nora Roberts
Due vite in gioco di Nora Roberts
Il lago dei desideri di Susan Elizabeth Phillips
Beautiful Bastard di Christina Lauren
La sfida del cuore di J.R. Ward
Passione inconfessabile di Shayla Black
Un regalo d'amore di Lisa Kleypas
Una promessa d'amore di Mary Balogh
You & Me di Valentina F.
Il frutto proibito di S.C. Stephens
Piacere colpevole di Lora Leigh
Peccati d'inverno di Lisa Kleypas
Lothaire di Kresley Cole
L'ora della verità di Maya Banks
Seduzione deliziosa di Tara Sivec
La signora della passione di Lara Adrian
Il fuoco della notte di Larissa Ione
Piacere estremo di Georgia Cates
Rischio letale di Pamela Clare

In libreria

Christina Lauren

Beautiful Bitch

128 pagine

5,90 euro

USCITA FEBBRAIO 2014

La vita di Bennett Ryan non è facile: ha trovato la donna della sua vita, l'unica che riesca a tenergli testa, ma non riesce a stare insieme a lei quanto vorrebbe...
Lei è Chloe Mills, la sua ex stagista, ora un'affascinante giovane donna in carriera, che continua a farlo impazzire di desiderio ogni volta che si incrociano negli uffici del Ryan Media Group.
Proprio quando il lavoro di Chloe arriva a una svolta importante e sta per decollare, Bennett desidera che tutto rallenti un po' per poter finalmente passare una notte selvaggia con la sua fidanzata. Deciso a non accettare un no come risposta, metterà Chloe di fronte a due biglietti aerei, una villa in Francia, e una discussione dall'esito scontato: una lotta sotto le coperte!

La complicità incandescente dei protagonisti di *Beautiful Bastard* torna a divertire ed emozionare le lettrici che amano le commedie romantiche con qualche scintilla.

In libreria

Maya Banks

Attrazione profonda

160 pagine

5,90 euro

USCITA FEBBRAIO 2014

La cosa più intrigante di un uomo in divisa è immaginarlo fuori dal suo ruolo. Per Jessie Callahan, occhi nocciola, sorriso dolcissimo e carattere da leonessa, questo fa parte di un rituale, un piccolo gioco di seduzione con due detective belli come il peccato che da sempre frequentano il bar in cui lavora. Ma una notte il gioco cambia. Rick e Tru scelgono di osare, avanzando una proposta allettante. Con loro sorpresa, Jessie accetta.
Sarà una notte di totale abbandono, che nessuno di loro dimenticherà. Ma nessuno di loro avrebbe mai immaginato che Jessie sarebbe stata accusata di omicidio la mattina seguente... Rick e Tru si troveranno così a rischiare tutto pur di salvarla dal vero killer e averla di nuovo tra le braccia.

Una storia ad altissima tensione erotica e non solo, dalla penna di una delle più famose scrittrici di romantic suspense.

In libreria

Sylvia Day

On Fire

160 pagine
5,00 euro

Quando Lion's Bay, una tranquilla cittadina sul mare, è colpita dai ripetuti attacchi di un misterioso piromane, l'ispettore antincendi Darcy Michaels si vede costretta a chiedere l'aiuto dei federali. Non appena giunge sul luogo, l'agente Jared Cameron capisce con un solo sguardo che Darcy, con i suoi occhi verdi e quella sensualità che traspare da ogni gesto, è la donna di cui vuole soddisfare ogni desiderio. Anche lei avverte una bruciante, irresistibile attrazione, e in una sola notte scatta la scintilla. Tra i due presto esplode la passione, un reciproco desiderio che si rivelerà essere il fuoco più difficile da domare e che continua ad alimentare le fantasie dei due amanti, bramosi di conoscersi sempre più a fondo.
Ma il caso su cui sono chiamati a indagare non può aspettare e riporta a galla qualcosa che Darcy avrebbe voluto dimenticare, un doloroso segreto che ha scelto di tornare a turbare la sua vita proprio ora...
Una storia in cui suspense ed erotismo sono perfettamente dosati per lasciare le lettrici col cuore in fiamme.